TE AMO,
NO ME LLAMES

MILLENIVM

Te amo,
no me llames

Joan Brady

VERGARA
GRUPO ZETA

Barcelona • Bogotá • Buenos Aires • Caracas • Madrid • México D.F. • Montevideo • Quito • Santiago de Chile

Título original: *I love you, don't call me*

Traducción: Borja Folch

1.ª edición: enero 2004

1.ª reimpresión: diciembre 2004

© 2003 by Joan Brady

© Ediciones B, S.A., 2003
 para el sello Javier Vergara Editor
 Bailén, 84 - 08009 Barcelona (España)
 www.edicionesb.com
 www.edicionesb-america.com

ISBN: 84-666-1534-2

Impreso en los Talleres de Quebecor World

1

Estoy detrás de la barra del bar, donde apenas hay un alma, fingiendo estar atareada limpiando botellas de whisky con un viejo trapo húmedo que había sido una camiseta. Así es como uno cae en la cuenta de que ha llegado el otoño a la costa de Jersey. En julio o agosto, estas botellas de licor nunca durarían lo bastante como para acumular ni una mota de suciedad. Ahora, en cambio, hasta yo corro el riesgo de acabar cubierta de polvo si no salgo del pozo en el que llevo dos semanas, desde que Jake y yo rompimos por enésima vez.

Woody, el septuagenario propietario de este legendario bar de copas, está sentado en el rincón tomando sorbos de vodka a palo seco. Con su portentosa visión periférica, toma nota de todas las transacciones con la precisión de una cámara de vigilancia. Su rostro es impenetrable, y sólo los empleados más veteranos se dan cuenta de que está calculando, con toda exactitud, la cantidad de dinero que está perdiendo ahora que el verano ha terminado oficialmente.

El Día de los Caídos. El Cuatro de Julio. El Día del Trabajo. Ésos son los momentos culminantes de la temporada para los comerciantes del paseo marítimo y los solteros impenitentes. La salida noventa y ocho de la Garden State Parkway te llevará hacia los establecimientos de Ocean Avenue y casi de cabeza a un taburete del Woody's Bar and Hotel de Belmar. Olerás el bronceador mucho antes de llegar a la playa y, cuando aún queden varias manzanas por recorrer, ya tendrás en la boca el sabor de los bistecs con queso y las patatas fritas. Los idilios florecen de modo temerario cuando el sol calienta, la ropa de invierno desaparece y las gotas de sudor perlan los rostros y las botellas de cerveza por igual.

Como la mayoría de los propietarios de negocios modestos, Woody depende de los tres breves meses de verano para hacer frente a las vacas flacas de la prolongada temporada invernal. A partir del Día de los Caídos, el último lunes de mayo, la población se triplica de súbito, resuena el estrépito de las cajas registradoras y todo el mundo cruza la calzada imprudentemente. Las calles secundarias pasan a ser de sentido único en un vano intento por mantener cierta apariencia de orden entre la marabunta. Los descapotables y las motos están por todas partes y las colisiones frontales son el pan de cada día. Claro que no siempre se ven involucrados vehículos. Algunos de los peores siniestros son resultado de las citas en estado de embriaguez. Así son las cosas de la costa de Jersey.

Con mano trémula, el viejo Woody levanta el vaso y finge no fijarse en el vodka que derrama encima de la barra. Desliza el vaso vacío un poco hacia delante y aparta la vista. Es su forma de indicarme que debo servirle otra copa procurando no llamar la atención. Como un mago consumado, mi mano es más rápida que el ojo cuando subrepticiamente lleno su vaso sin que nadie se entere.

Woody echa un vistazo a la bebida recién servida, asiente en señal de aprobación y se lamenta entre dientes: «Vaya mierda de negocio.» Éste será su mantra hasta el próximo Día de los Caídos.

En cierto modo, sé cómo se siente. Septiembre nunca ha sido mi mes favorito y este año sin duda no va a ser la excepción. Mis cinco años de idilio intermitente con Jake Fletcher por fin han tocado a su fin, y esta vez de verdad. Por si fuera poco, cumplo cuarenta el veintinueve de este mes, un día que sólo será ligeramente menos espantoso que el de hace dos años, cuando Jake me dejó plantada en el altar.

Ha roto nuestro compromiso dos veces y en ambas ocasiones me ha dado la misma excusa ridícula. La llamo el síndrome de la mujer perfecta. Jake sostiene que esta fobia es el único obstáculo que le impide casarse conmigo. Lo que le da miedo es que en cuanto haya pronunciado el «sí, quiero» vaya a conocer a la mujer perfecta mientras esté saliendo de la iglesia, lo cual convertiría nuestra boda en la equivocación más grave de toda su vida.

Lo irónico del asunto es que es él quien tiene más a ganar en una relación madura y responsable. Al menos eso es lo que yo le digo. Resulta que estadísticamente los hombres casados son más longevos y disfrutan más de la vida que ningún otro colectivo, sobrepasando con creces a las mujeres, tanto solteras como casadas, en la escala de la satisfacción.

Puedes creerme si afirmo que no soy la típica mujer sumisa. No me crié en el seno de una familia de polis irlandeses bruscos sin aprender un par de cosillas sobre cómo valerme por mí misma. Pregunta a Woody. Él sabe bien que soy capaz de manejar a la multitud, por más machotes pendencieros y borrachos que se apretujen en el bar. Nunca titubeo cuando hay que dejar de servir alcohol, confiscar llaves de coche o avisar a un taxi, y todos mis parroquianos lo saben. No quiero que me hagan responsable de servir licor a la clase de persona que pierde el juicio incluso en un buen día. Por lo general me siento segura y, sí, también poderosa cuando estoy detrás de la barra. Es la única parte de mi vida que resulta predecible y sobre la que al menos ejerzo cierto control. A veces, cuando el local está a tope de socorristas que han acabado el turno y de neoyorquinos de vacaciones, Woody asegura que tengo más pelotas que nadie. Y viniendo de él, eso es todo un cumplido.

Así pues, ¿por qué me preocupo por un tipo como Jake Fletcher?

El problema —o al menos parte de él— reside en el encanto de Jake y en su capacidad innata para vender lo que sea a quien sea, y en especial segundas oportunidades. Es un vendedor nato y como tal es capaz de resultar asombrosamente convincente cuando me dice que la camarera pechugona de Hooters que no para de llamarlo al móvil es su prima.

Naturalmente, otra pieza del rompecabezas quizá guarde relación con la inquietante afinidad que he mostrado toda mi vida con los llamados chicos malos. Hace unas semanas, tras ingerir unas cuantas copas de merlot de más, me tumbé en la cama y di un repaso mental a todos los hombres con los que he salido hasta ahora. La imagen resultante fue de lo más espantosa.

Lo único que puedo decir al respecto es que cuando te crías en un ambiente donde los chicos son como son pero las chicas siempre deben comportarse como perfectas damiselas, estás condenada al fracaso. Inevitablemente, te sentirás atraída hacia compañeros erróneos y peligrosos por la mera fuerza de la costumbre. Billy Joel lo cuenta bien en *Only the Good Die Young*, una canción sobre chicas católicas introvertidas que se enamoran de muchachos impulsivos y alocados. Una combinación tan explosiva como irresistible.

Tiempo atrás, solía dar ultimatos a Jake: o dejas a las demás o me dejas a mí. Sin embargo, cuanto más cerca estoy de los cuarenta, menos dispuesta estoy a correr esa clase de riesgos. En lugar de amenazas esgrimo metáforas con la vana esperanza de enseñarle lo gratificante que puede llegar a ser una relación monógama. He comparado nuestra situación con la del niño que tiene que elegir entre helado y espárragos. A un paladar infantil quizá le parezca una pregunta absurda, pero para un adulto maduro un poco de aderezo y una pizca de sal pueden cambiar mucho las cosas, y no sólo en cuestión de hortalizas.

No obstante, esta vez por fin me he hartado. He desperdiciado demasiados años importantes aguardando a que creciera y no puedo permitirme despilfarrar ni un minuto más en el intento. Me he propuesto cortar por lo sano, pero de momento el síndrome de abstinencia me está generando una angustia atroz. Le veo allí donde voy.

Jake es el agente inmobiliario número uno de esta parte de costa y últimamente ha amasado una fortuna considerable vendiendo casas sobrevaloradas a trabajadores mal pagados como yo. Esto hace que olvidarle se convierta en un auténtico desafío, porque su rostro me devuelve la mirada desde los anuncios que ha puesto en los bancos de los parques y las vallas publicitarias de toda la ciudad. El hecho de que su trabajo le proporcione un montón de tiempo y oportunidades para cortejar a otras mujeres no ha contribuido mucho que digamos a que me sienta más segura en nuestra relación.

—¡Venga, reacciona! —exige una voz conocida.

Levanto la vista de mi trapo húmedo y veo que Abby, mi mejor amiga, se ha encaramado al taburete contiguo al de Woody.

—¿Qué voy a hacer con ella, Woody? —pregunta, dando una palmada de complicidad en el hombro al anciano propietario del bar, consiguiendo que éste derrame otra vez la mitad de su bebida encima de la barra—. Lo normal sería que a estas alturas ya se hubiese dado cuenta de que los hombres son como los autobuses, ¿verdad? —prosigue Abby, sin prestar la menor atención al vodka derramado—. Habrá otro a la vuelta de la esquina dentro de diez minutos. ¿Tengo razón o tengo razón?

Woody adora a Abby y su rostro se ilumina con lo que antaño tuvo que ser una carismática sonrisa, antes de que los dientes se le amarillearan y que los carrillos le colgaran de la mandíbula.

—¡Y que lo digas! —brama Woody con ebria aprobación antes de tener el descaro de estrujar la regordeta rodilla de Abby con su áspera manaza plagada de manchas de vejez—. ¡Eh! ¿Dónde está la copa de Abby? —me grita Woody como si el local estuviera abarrotado.

Después de cuarenta años soportando sin tregua atronadoras actuaciones de grupos de rock, Woody ha perdido casi por completo la audición del oído izquierdo, junto con la capacidad para hablar con un tono de voz normal.

—¡Pon una copa a mi chica favorita, haz el favor! —me grita desde la otra punta del bar.

Abby ha causado este efecto sobre los hombres desde siempre, que yo recuerde. A pesar de estar casada, ser monógama y usar una talla cuarenta y cuatro de tejanos, los tíos acuden a ella en bandada como palomos a una merienda. Naturalmente, esto saca de quicio a las flacuchas que se pasan el día contando calorías, pero Abby no parece darse cuenta. Incluso cuando era soltera tenía esa rara virtud de hacer que los hombres se sintieran a gusto en su presencia. Dice que esto es así porque los acepta tal como son sin pretender cambiar su forma de ser. Para ella es fácil decirlo. Está casada con un traumatólogo judío que satisface todos sus caprichos. ¿Cómo lo ves? ¿Acaso cambiarías algo en una situación como ésa? Aunque Abby es una auténtica paradoja: escrupulosamente fiel a su marido, un lince de las finanzas y una juerguista en apariencia despreocupada.

A la gente le cuesta trabajo creer que Abby esté casada de verdad y no se debe sólo a que le siga gustando frecuentar el bar de Woody por su cuenta. Nadie ha visto nunca a Mike, su hogareño marido, y de no haber sido la dama de honor de su boda, hasta yo pondría en entredicho su existencia. Woody lleva años insistiendo para que Abby traiga a Mike a tomar una copa, pero Abby es partidaria de mantener su matrimonio al margen de su vida social. Soy la única persona del lugar que alguna vez ha visto al marido fantasma de Abby.

Preparo a Abby su habitual destornillador sin alcohol, consistente en tres partes de soda y una de zumo de naranja, y se lo sirvo. Estampa un billete de veinte dólares encima de la barra y Woody lo agarra de inmediato y empieza a meterlo en el bolsillo de la abultada blusa azul de Abby.

—Tu dinero no sirve, aquí —le dice, y no puedo evitar fijarme en que sólo una fina capa de lycra separa los dedos artríticos de Woody del pezón izquierdo de Abby.

Abby ríe sin ninguna timidez mientras le aparta la mano.

—¿Aún sigues intentando que te dé una comida gratis, abuelo? —pincha Abby.

—No tiene por qué ser gratis —replica Woody con una mirada lasciva—. Estoy dispuesto a pagar.

La mayoría de las mujeres se ofenderían ante esto, supongo, y con toda la razón, pero Abby no. Ella sigue con la broma y se lo pasa en grande.

—Un viejales como tú no estaría a la altura de una moza como yo —suelta Abby burlona, apartando de su pecho la nudosa mano de Woody con una palmada juguetona.

Woody se deleita con el gesto y de pronto parece diez años más joven. Con la virilidad reconfortada, lleva la mano hasta su copa, completamente satisfecho de seguir teniendo lo que hay que tener, sea eso lo que sea.

—¡Eh, Jeri, ven a ayudarla! —exclama Woody, y pongo un vaso de chupito del revés detrás de la copa de mi mejor amiga.

—No mires ahora —murmura Abby entre dientes—, pero Jake el libidinoso acaba de entrar.

Levanto la mirada con un ademán que espero resulte desenfadado y ahí está. Jake Fletcher se detiene en el umbral como una celebridad a punto de hacer una entrada triunfal. Siempre ha sabido cómo destacar entre el gentío, cosa que probablemente aprendió viendo alguna serie de televisión. Pese a mis esfuerzos por mostrarme serena, el pulso se me acelera y siento el cuerpo en tensión.

—¡Qué imbécil! —oigo farfullar a Abby—. Mira qué aires se da. ¿Quién se cree que es? ¿Bruce Springsteen o alguien por el estilo?

Jake lleva puesta la camisa verde salvia que le compré la Navidad pasada y me impresiona lo guapo que está. Diminutas chispas de atracción física comienzan a encenderse en la superficie reseca de mi corazón y lucho como un terrateniente desesperado para evitar que el fuego se extienda hacia el sur. De manera harto apropiada, una canción de Whitney Houston que se titula *I Want to Run to You* comienza a sonar en la reliquia que tenemos como máquina de discos y justo entonces tengo claro que el incendio no tardará en arder descontrolado en todos los frentes.

—Oh, Dios —masculla Woody—, allá vamos. Saca los Kleenex.

Jake me mira fijamente con sus ojos verdes empañados. Segundos después, echa un vistazo al suelo y mueve los pies con torpeza. Al cabo de un sombrío instante, vuelve a levantar la mirada con humildad, como pidiendo permiso para acercarse a mí.

—No piques —advierte Abby—. Las dos primeras semanas siempre son las más difíciles. Si ahora no la pifias, dentro de una semana te habrás olvidado por completo de él.

La miro sin comprender.

—Vale, igual dentro de un año —corrige Abby.

Me quedo paralizada, temerosa de que cualquier movimiento por mi parte vaya a romper el hechizo. Siendo como es un experto vendedor, Jake percibe de inmediato mi desazón y la interpreta como una alfombra de bienvenida. Comienza a caminar hacia mí y a duras penas soy consciente de que Abby me está dando instrucciones desde la línea de banda.

—No creas una sola palabra de lo que te diga, Jeri —la oigo suplicar—. Hagas lo que hagas, no le hables.

—Hola —me oigo decir incómoda.

—Hola.

—¿Heineken?

—Sí, gracias.

Incluso a través de la espesa nube de humo de cigarrillos y del hedor a cerveza rancia acierto a oler el conocido aroma a limpio que emana de él. Deja un billete de veinte dólares encima de la barra pero yo no lo toco. Abrigo la esperanza de que se quede a tomar más de una copa. De repente me siento como una prisionera separada del mundo exterior no por una barra, sino por barrotes. No me gusta verme como público cautivo de esta manera. Todos los demás son libres de ir y venir a su antojo mientras que yo estoy obligada, en virtud de mi trabajo, a quedarme aquí y soportar lo que ocurra a continuación, sean cuales sean las consecuencias.

Rápida y eficiente, pongo una Heineken fría delante de él y luego doy un paso atrás, a la defensiva. Me fijo en que tiene los músculos de la mandíbula apretados y que se le mueven ligeramente. La comisura de los labios le tiembla nerviosamente cuando toma el primer trago de cerveza y reparo en un leve rastro de ojeras cuando levanta la vista hacia mí. Según parece, no soy la única que ha padecido ansiedad durante estas dos últimas semanas de separación. Jake parece afligido e incómodo y, por primera vez en semanas, la tristeza que me ha envuelto como el humo de un cigarrillo empieza a disiparse. Me siento descaradamente eufórica en proporción directa a la aparente desdicha de Jake.

—Te echo de menos, Jeri —dice, y lo cierto es que parece que lo diga en serio.

—¿Ah sí?

—Sí.

No es preciso que mire para saber que Abby y Woody están poniendo los ojos en blanco al mismo tiempo en un muestra de desaprobación. No me importa. Cuando sientes un incendio de primera magnitud en tu interior, necesitas algo más que la bienintencionada desaprobación de tus amigos para sofocarlo.

—No caigas en la trampa —susurra Abby cerca de mi oído, aunque mis ojos siguen clavados en el divino rostro de Jake—. Es menos profundo que un recortable —agrega, levantando la voz para que él pueda oírla.

Jake lanza una mirada fugaz a Abby, como si fuese un inoportuno mosquito. Vuelve a centrar su atención en mí y su expresión se dulcifica perceptiblemente.

—¿A qué hora sales de trabajar esta noche? —pregunta titubeante—. Pensaba que a lo mejor podríamos ir a algún sitio y hablar a solas.

Hace hincapié en el «a solas» y Abby suspira sonoramente otra vez.

—Me parece que no —respondo con más convicción de la que realmente siento—. No tengo ningún interés en formar parte de tu pequeño harén.

Digo esto más por Abby que por mí, de modo que luego ella y Woody no puedan acusarme de no presentar batalla como es debido.

—¿Mi harén? —repite Jake, mostrándose herido—. Vamos, Jeri, no hay nada de eso. Ya te lo dije, esa camarera de Hooters es prima mía.

—Sí, claro, y yo soy Halle Berry.

Jake no se inmuta.

—De acuerdo. Somos primos segundos.

—Qué curioso que tantos parientes tuyos acaben trabajando en Hooters —cavilo en voz alta—. ¿Qué pasa, es un negocio familiar, acaso?

Jake se muestra un tanto violento y echa una rápida mirada a su alrededor para ver si en el bar alguien ha presenciado mi sarcástico rechazo.

—No es lo que piensas —continúa, bajando la voz—. Tengo que ir allí por trabajo.

—Oh, por favor —rezonga Abby a mi lado.

Esta vez Jake hace como si no la hubiera oído.

—Escucha, tengo que tener contentos a mis clientes, ¿vale? Aquel tipo que iba conmigo gasta el dinero como si fuera agua. Va a comprar esa casa de Deal de la que te hablé, ¿te acuerdas?

—¿Aquella blanca tan grande de Ocean Avenue? —pregunto, aparcando un momento mi indignación. Entonces Abby me fulmina con la mirada.

—Sí, la victoriana que te enseñé frente a la playa. ¿Sabes qué comisión voy a llevarme? Tengo que mantener interesado a ese tipo, ¿no lo entiendes?

—Me importa un bledo, Jake —sostengo, con voz repentinamente fuerte—. Estoy harta de tus mentiras, harta de tus torpes excusas y harta de esa ridícula necesidad que tienes de afirmar tu hombría viendo con cuántas mujeres eres capaz de ligar. —Hasta yo me sorprendo ante la aspereza de mi tono—. Se acabó, Jake. No pienso aguantarte más. En serio.

Llegados a este punto, Jake baja la cabeza.

—Lo siento, Jeri —murmura contrito—. Nunca te he hecho daño adrede —dice, pero yo hago como que no le oigo.

Le doy la espalda y me pongo a lavar vasos limpios. Incómoda, rastreo la barra en busca de botellas de cerveza vacías y ceniceros llenos, cualquier cosa con tal de evitar los suplicantes ojos verdes de Jake. Me piden algunas bebidas y me tomo mi tiempo para servirlas, haciendo caso omiso de su presencia en todo momento. A ver qué le parece esto, me digo.

Lo siguiente que veo es un grupo de clientes riendo y

señalando algo que hay detrás de mí. Me vuelvo y por poco tropiezo con Jake, que ahora está de rodillas detrás de la barra sujetando un clavel marchito con sus dientes perfectos. Alguien comienza a corear «Je-ri, Je-ri» y, con la excepción de Abby y Woody, todos los presentes se suman al coro. De pronto me siento como si estuviera en *El show de Jerry Springer*.

El rostro de Jake está tenso de remordimiento cuando levanta la vista hacia mí.

—Jeri, perdóname, por favor.

Frunce el entrecejo intentando parecer sincero y estoy en un tris de caer en la trampa. Entonces veo por el rabillo del ojo que Abby aprieta los dientes y niega con la cabeza.

—¿Para qué? —pregunto fríamente—. ¿Para que dentro de unas semanas vuelvas a las andadas? No, gracias.

—Vamos, Jeri —suplica—. Haré todo lo que digas. Por favor.

—Ni hablar —farfullo por encima del barullo de las voces de una docena de borrachos que siguen coreando mi nombre. Sin embargo, me consta que no se dará por vencido fácilmente.

—¿Y si cambio el número de mi móvil? —sugiere, con su característica habilidad negociadora.

—¡Pues vaya!

—Muy bien. De acuerdo. ¿Y si lo arrojo al océano ahora mismo? —propone—. Así zanjamos el problema telefónico.

Me veo atrapada en un juego de tira y afloja con una sonrisa.

—No te muevas de aquí, ¿vale? —dice con renovados ánimos.

El bar entero se agolpa junto a la ventana mientras Jake abre la puerta de golpe y baja volando la escalera como si saliera disparado de un cañón. Atraviesa zigzagueando el denso tráfico de Ocean Avenue entre multitud de bocinas atronadoras, chirridos de frenos y saludos con un solo dedo. Llega ileso al paseo marítimo, salta la valla y luego corre por la arena con sus mocasines Gucci favoritos. Sube al malecón y agita el teléfono móvil con el brazo en alto para que todos lo vean. Satisfecho con la cantidad de testigos que ha congregado, arroja su codiciado Nokia a las turbias aguas del mar.

Para cuando regresa al bar, jadeante y sudoroso por el esfuerzo, toda yo me estoy deshaciendo por dentro, aunque hago lo imposible para que no se me note. Simultáneamente, una placentera sensación de poder inunda mis venas. Soy incapaz de disimular la satisfacción que ahora me embarga. Lo peor ya pasó. Lo presiento. Es como despertar de la anestesia después de la extracción de una muela. Eres perfectamente consciente de que acabas de pasar por algo horrible y doloroso, pero ya todo queda atrás y lo cierto es que no vas a ganar nada por más vueltas que le des.

Su mirada me dice que está bastante seguro de que la reconciliación conmigo está hecha. Da por sentada la victoria y me parece que no le falta razón.

—¿Y si llama ese cliente tuyo tan rico? —digo—. Puede que te quedes sin el cheque de esa comisión tan suculenta.

—¿Y qué? —dice sin pestañear.

—Pensaba que habías de tener contento a ese tipo —le recuerdo—. Estamos hablando de mucho dinero, ¿recuerdas?

—Ya lo sé —admite, levantando la voz para que todos le oigan—, pero tú lo vales.

Ahí está, la respuesta perfecta, el molesto grano de arena en el interior de la ostra que finalmente se ha convertido en una hermosa perla. Hasta donde yo sé, ésa es la clase de cosas que los hombres sólo hacen por la mujer a la que quieren de verdad, la mujer con la que se casarían.

De repente, el rostro de Jake está cerca del mío y yo en sus brazos. El coro ha sido reemplazado por un aplauso etílico y estoy radiante de alegría. Todo se perdona, borrón y cuenta nueva, estoy decidida a reconstruir los sentimientos devastados por la guerra. Con ánimo de demostrarlo, voy a por otra Heineken que dejo encima de la barra, sólo que esta vez sí cojo su billete de veinte.

—No te olvides de dejar propina a tu camarera —digo bromeando con coqueta timidez mientras le devuelvo el cambio—. A las camareras no nos gusta que los clientes se larguen sin pagar.

La última frase flota en el aire que nos separa y ambos sonreímos estúpidamente a la vez.

—Has estado a punto de engañarme —dice Jake de forma provocativa, y me pongo colorada mientras la vista se me va sin querer hacia debajo de la hebilla de su cinturón.

Y ésa es la gota que colma el vaso. Ahora es cuando ambos sabemos que lo nuestro no ha terminado; que será necesario algo más que un insignificante flirteo con una camarera pechugona de Hooters para que rompamos. Jake me está ofreciendo una rama de olivo.

Lo único que tengo que hacer es aceptarla y todo volverá a ir bien. Estoy convencida.

2

Paso las dos horas siguientes de mi turno envuelta en una nube de expectativas. El local comienza a llenarse y unos cuantos asiduos de la temporada de invierno terminan la hibernación y entran a trompicones en el bar por primera vez desde el solsticio de verano. Se ponen a beber chupitos de tequila y brindan para celebrar que los turistas de Nueva York y del norte de Jersey por fin se han largado y que la costa vuelve a pertenecer a los lugareños. Normalmente no bebo cuando estoy detrás de la barra, y eso que Woody es uno de los pocos patronos que no pone objeciones en ese aspecto. Pero esta noche los clientes de la temporada de invierno no paran de invitarme a copas y me figuro que resultaría ofensivo que las rechazara. Además, tengo el ánimo festivo.

Ahora que la temporada alta ha terminado cerramos a las once y pregunto a Woody si le importa que esta noche salga un poco antes. Mira hacia Jake dándome a entender que ya se lo figuraba y entonces pregunta:

—¿Por qué? ¿Vais a subir a tu cuarto a hacer crujir los muelles de la cama?

Al parecer Woody encuentra esta ocurrencia increíblemente divertida y la gente se va volviendo para mirarlo mientras eructa y ríe a mandíbula batiente. Sus carcajadas suenan como una sirena de niebla durante una tempestad de noviembre.

—Cállate, Woody —le ordena Abby—. Estás borracho y gritas más que de costumbre.

—Eso es imposible —digo entre dientes.

Abby se vuelve hacia mí.

—Y tú estás más loca que de costumbre —me espeta en un tono que sólo tus mejores amigas pueden permitirse—. ¡Tendría que atarte y encerrarte en un armario hasta que te olvides de este Jake!

¿He dicho ya que Abby es enfermera? Salta a la vista a juzgar por el tacto y la compasión con los que aborda un asunto tan delicado como éste, ¿verdad?

—¿Eh? ¿Qué dices? —gruñe Woody antes de apurar lo que le queda de su vodka.

—Ven aquí —le espeta Abby—. Acércame el oído bueno.

Obedientemente, Woody vuelve el oído bueno hacia ella. Al hacerlo el taburete se inclina y Woody está a punto de caer. Abby aguarda a que recobre la compostura antes de rodearle la oreja con la mano a modo de megáfono.

—Jeri va a salir más pronto esta noche —grita Abby a la oreja carnosa y flácida de Woody. Acto seguido se aparta sabiamente para que el cerebro castigado por el alcohol del dueño del bar tenga tiempo de procesar la información.

—¿Y quién va a cerrar? —pregunta Woody arrastrando las palabras.

—Cabeza de Embudo —afirma Abby con total confianza—. ¿De acuerdo? No te preocupes, sabe lo que hay que hacer —le asegura.

Cabeza de Embudo, a quien llaman así por la tendencia que tiene el alcohol a subirle directamente al cerebro, está apostado en la barra con una sonrisa alelada en su rostro rubicundo. Según una leyenda local, cuando bebe (cosa que hace constantemente), lo mismo podrías colocarle un embudo en lo alto de la cabeza y verter la bebida directamente al cerebro: el efecto sería idéntico. La gente dice que una vez tuvo un empleo de altos vuelos en Manhattan, aunque cuando lo ves ahora resulta difícil creerlo. Supuestamente, sólo tiene cuarenta y tantos, pero su aspecto es de sesentón, lo cual no es de extrañar si tienes en cuenta el estilo de vida sedentario que lleva, típico de quienes pasan mucho tiempo metidos en bares, y la relación monógama que mantiene desde hace años con Jack Daniels.

Hace tanto tiempo que todo el mundo le llama Cabeza de Embudo que nadie recuerda su verdadero nombre, sospecho que ni siquiera él. No obstante, por más que se emborrache de noche, nadie ha visto a Cabeza de Embudo con resaca. De un modo u otro, cada día se las arregla para levantarse temprano, ducharse y ponerse ropa limpia. Luego pasa el resto de la mañana haciendo el trabajo cotidiano de mantenimiento del hotel para Woody a cambio de una habitación gratis en el tercer piso.

Los polis de la zona a veces se refieren a Woody como «la Madre Teresa de Belmar», porque siempre anda recogiendo a los descarriados sin trabajo ni hogar de la localidad. La única diferencia es que Woody no ha hecho voto de pobreza... ni de castidad.

—Sí, sí, vale, puedes salir antes, Jeri —consiente Woody con un ademán desdeñoso de su mano venosa—. Joder, éste es el único garito de la ciudad donde se confía al borracho del pueblo el cierre del bar. ¡Tendría que hacérmelo ver!

Tanto Jake como yo estamos agradablemente ebrios para cuando subimos las escaleras hacia la habitación veintidós, el cuarto que, para horror de mi familia, es ahora mi casa. La habitación está tan tranquila y silenciosa cuando abro la puerta que se diría el interior de una iglesia. El barullo de abajo aún resuena en mis oídos y tengo la voz ronca de tanto gritar a los borrachos durante toda la velada. Cierro la puerta a nuestras espaldas y luego busco a tientas el interruptor de la luz, pero mi mano descarrila cuando Jake la dobla con ternura entre las suyas.

—Nada de luces —susurra, tirando de mí hacia el cálido nido de su pecho desnudo.

De pronto, me siento capaz de amoldarme a cualquier postura que le quepa desear.

—¿Cómo te has quitado la camisa tan deprisa?

Río tontamente, asombrada por su agilidad.

—Chis —me contesta—. No hablemos, tampoco. ¿Te importa que nos quedemos así un momento hasta que lo asimilemos todo?

—No, no me importa —digo convincentemente—. Me parece muy bien.

Naturalmente, miento como una bellaca. Lo que más me gustaría hacer ahora mismo es mantener una charla profunda, íntima y franca acerca de nuestra relación y de adónde nos está llevando. Hay mucho que negociar y discutir, y me muero de ganas de que me den pie. Pero me contengo, guardo silencio y me fundo en sus brazos, dando tiempo a Jake para que se acomode a este nuevo giro de los acontecimientos. Me figuro que abrumarlo sería una estupidez. Si he aprendido algo sobre los hombres, es que no se les da nada bien la multitarea. Por lo general sólo son capaces de manejar una cosa a la vez, y no seré yo quien distraiga a Jake de lo que está manejando debajo de mi blusa en este momento.

Permanecemos así, de pie en la oscuridad, durante lo que se me antoja una eternidad. Jake me estrecha con una fuerza inusitada y yo aprieto la cara contra la calidez de su hombro e inhalo su olor corporal. Es como la primera bocanada de aire que tanto necesitas cuando la resaca te ha dado una paliza arrastrándote al fondo del océano y por fin emerges. Los músculos se me quedan exhaustos y el riego sanguíneo abandona mi cerebro para afluir hacia los órganos realmente vitales. El sentimental *disc jockey* que vive en mi cabeza pone *(I Just) Died in Your Arms Tonight* de Cutting Crew y todo mi cuerpo se deja caer hacia la banda de sotavento del abrazo de Jake.

—Es tan agradable abrazarte... —murmura en voz baja contra mi mejilla.

En la quietud de la habitación a oscuras, noto los latidos del corazón de Jake como si llamara a golpecitos a la cancela de la finca vallada donde ahora residen mis viejos sentimientos heridos. «¿Puede salir a jugar, Jeri?», parece que pregunte, y sé que no me puedo resistir a este hombre. Como si estuviera provisto de radar, justo entonces Jake me da un beso que me hace estremecer de un modo que dudo mucho que haya experimentado ningún miembro de una sociedad civilizada.

Cuando quiero darme cuenta estoy desnuda en la cama mordiéndome el dorso de la mano para no dar al inquilino de la habitación contigua algo de lo que hablar. Sólo soy vagamente consciente de que acaba de empezarme el periodo y, por extraño que parezca, no siento ni una pizca de vergüenza. Tras años de contrariarme por el inconveniente que suponen esas cosas en momentos como éste, de pronto estoy perdida en la tierra de la lujuria, mucho más allá de tan triviales preocupaciones. Entonces caigo en la cuenta de que esta absoluta falta de timidez es la piedra angular de la auténtica pasión. Ahora mismo, ni siquiera las temidas Hermanas de la Caridad de la parroquia de las Maestras Pías de la Dolorosa lograrían que me sintiera culpable o cohibida. He ido tan lejos que ni siquiera mi subconsciente católico atormentado por los remordimientos puede entrometerse.

¿Qué tendrá Jake Fletcher, me pregunto, para hacerme vacilar entre extremos tan alejados? En un momento dado estoy hecha un mar de lágrimas rompiendo mi relación con él y acto seguido me veo de nuevo en sus brazos escalando las ardientes cumbres del orgasmo. Sólo me queda suponer que esto es lo que da en llamarse química y que su existencia entre nosotros desafía toda lógica. Si frecuentas sitios como Woody's durante el tiempo suficiente, ves cosas de este estilo cada dos por tres. No conozco a nadie que sea completamente inmune a la lujuria.

Cuando mi pulso baja hasta salir de la franja de riesgo de paro cardíaco y dejo de jadear como un galgo persiguiendo un conejo, me vuelvo hacia Jake y sonrío con ternura. Me siento plena y feliz y se me escapa un suspiro involuntario de satisfacción. Los platos rotos han sido enganchados y en mi mundo todo va bien.

Pero la dicha es breve. Jake se apoya en un codo y alcanza la lámpara de la mesita de noche. Ahora que estoy sin maquillar y con los ojos hinchados por la falta de sueño, el señor quiere encender la luz. Pulsa el interruptor y entrecierro los ojos ante el súbito resplandor.

La habitación se ve especialmente vetusta bajo el pálido brillo de la bombilla de ahorro energético de sesenta vatios que tengo junto a la cama. Durante el día, al menos, el sol resplandeciente entra a raudales por la única ventana de la habitación atrayendo la atención hacia el paseo marítimo entarimado del otro lado de la calle y el océano inmenso que se extiende detrás de él. Ahora que se aproxima el invierno y no hay un alma en el paseo, no hay más alternativa que fijarse en el espartano entorno en el que vivo.

Los paneles oscuros de las paredes son de los años setenta y el suelo está cubierto por una raída alfombra peluda de color barro, probablemente de la misma época. Una nevera diminuta ocupa un rincón de la habitación para hacer frente a las emergencias alimentarias. La destartalada mesa para dos es de madera, las sillas plegables de metal y la cubertería de plástico. Mi verdadera cocina es el McDonald's que hay al otro lado de la calle. Allí es donde leo el periódico y consumo la comida más sana de mi jornada: un vaso de zumo de naranja y un panecillo con tocino, huevo y queso.

En la puerta tengo colgado un espejo de cuerpo entero de K-Mart. El vidrio barato está deformado de tal manera que hace que me vea cuatro kilos más delgada de lo que realmente soy. Me he dado cuenta de que si pongo mucha laca en mi media melena castaña me queda una cabezota inmensa, con lo cual el resto del cuerpo parece relativamente pequeño. Entre el espejo deformante y la enorme cabellera, suelo andar bastante satisfecha de mi aspecto.

A primera vista la habitación quizá resulte deprimente, pero a veces, cuando las luces están apagadas y cierro los ojos, logro convencerme a mí misma de que estoy en un hotel de cinco estrellas. Duermo con la ventana abierta y respiro el olor salobre del mar. Entrada la noche, cuando todos los borrachos han abandonado las calles y la banda ha empacado sus cosas y ha regresado al centro de reinserción social, aunque parezca mentira oigo las olas del océano romper y silbar en la arena. Tienen un ritmo tranquilizador que resulta mucho más reconfortante que cualquier nana.

La única pieza decente de mobiliario que hay aquí es el baúl de ratán marrón que descansa a los pies de mi cama. Algunos de los artículos que guarda se han transmitido a lo largo de cinco generaciones sucesivas de mujeres Devlin.

Dirás que soy una romántica empedernida, pero este baúl del ajuar fue lo único que quise llevarme cuando me fui de casa de mis padres para mudarme aquí hace diez años. Es el único bien material que ha significado algo para mí y sigue haciéndolo, aunque pienses que después de cinco años sometida a las veleidades de Jake ya tendría que haber perdido la esperanza de casarme. Sin embargo, la esperanza es lo último que se pierde.

Aunque tampoco puede decirse que vivir aquí haya constituido una completa pérdida de tiempo. Todos los meses he ahorrado diligentemente una pequeña suma de dinero por si acaso termino teniendo que montármelo por mi cuenta. Al paso que voy, calculo que para cuando haya cumplido los setenta habré reunido lo suficiente para pagar la entrada de una choza de mi propiedad.

—Tengo que marcharme, Jeri —dice Jake, devolviendo mi atención a su persona y al momento presente.

Jake parece un coyote que ha pisado sin darse cuenta la trampa de un cazador. Lo sé porque he visto esa mirada con anterioridad. Otro día, en otras circunstancias tal vez, pero la misma expresión de pánico poscoito que los hombres han lucido desde que alguien (con toda probabilidad una mujer) planteó el concepto de monogamia.

—¿De verdad tienes que irte?

—Ajá. Tengo una cita a primera hora de la mañana —dice con voz débil.

Se me cae el alma a los pies. Oh, no, me digo, no me hagas esto. No intentes quitarme lo que ya me has dado.

—Jake, no pasa nada —digo para inspirarle confianza, y apoyo una mano que espero resulte reconfortante en su hombro desnudo sólo para recordarle que no soy el enemigo—. No debes tener miedo —agrego con el tono más tranquilizador que soy capaz de emplear—. Despacito y buena letra. Vamos a tomárnoslo con calma, ¿de acuerdo? Te lo prometo. Sin presiones.

Estoy asombrada de la serenidad y capacidad de apoyo que soy capaz de fingir cuando en realidad estoy a punto de venirme abajo.

—¿Qué estás diciendo? —pregunta Jake, evitando mis ojos—. No tengo miedo de nada.

Se encoge de hombros con displicencia y resulta evidente que hace lo posible para no tener que mirarme. Se afana abrochándose la camisa al tiempo que se calza los mocasines Gucci sin calcetines. Palpa la cinturilla ahí donde suele colgar el teléfono móvil. Al encontrar un espacio vacío, lo busca frenéticamente en el bolsillo trasero y en el de la camisa antes de recordar que su Nokia de última generación ahora es un anfibio en el fondo del océano Atlántico. El rostro se le descompone imperceptiblemente cuando se da cuenta.

No es una buena señal, pregúntaselo a cualquier mujer. El hombre está muerto de miedo y me consta. No obstante, no pienso dejar que se libre de la trampa del cazador sin alguna clase de compromiso, el que sea. Al fin y al cabo, acabamos de consumar esta alocada relación una vez más y quiero estar segura de que comprende el alcance y significado de ese acto.

—Woody da una fiesta para celebrar mi cumpleaños la semana que viene —suelto de improviso, sin que venga a cuento.

No sé qué me hace sacar eso a colación. Sólo sé que, de repente, me siento vulnerable y abandonada. A decir verdad, me gustaría que el hombre que acaba de saquearme me diera alguna garantía de que volveré a verle.

—Me encantaría que asistieras —agrego con lo que confío que parezca un derroche de buen humor y desenfado, aunque soy dolorosamente consciente de que no lo estoy logrando.

—Ah, muy bien —dice—. La semana que viene es tu cumpleaños, ¿verdad?

Esto no sirve para convencerme de que lo habría recordado aunque yo no lo hubiese mencionado.

—Es el próximo sábado —concreto con impostada calma—. Soy Libra, ¿recuerdas?

—Ya, ya. Claro que me acuerdo —miente. Reparo en que está haciendo cálculos mentales—. El veintiocho, ¿no?

—El veintinueve.

—Sí, exacto. Lo que yo decía. El veintinueve de septiembre.

Jake parece que lleve astillas de bambú clavadas debajo de las uñas de los pies.

—¿Irás? —insisto descaradamente.

Titubea nerviosamente.

—Sí, claro que iré. —Se encoge de hombros—. Somos buenos amigos, ¿no?

—¿Amigos? —repito con frialdad—. No suelo tener orgasmos con mis amigos.

—Vamos, Jeri, no seas así, mujer —dice con una sonrisa cordial—. Ya sabes lo paranoico que soy con mi libertad. Tengo que tenerla. Pensaba que lo habías comprendido.

—Y yo pensaba que esta noche habías arrojado tu estúpida libertad al océano junto con tu teléfono móvil —replico acaloradamente. Esto no ha salido como estaba previsto, ya lo sé, pero no puedo hacerlo mejor dadas las circunstancias.

—¿Eso pensabas? —pregunta sorprendido—. Escucha, Jeri, sólo intentaba demostrarte lo mucho que me importas.

Aquí la tienes. La salida del cobarde. Toda mujer sabe que «me importas» no es lo mismo que «te quiero». No es más que un sustituto barato que sirve para camuflar una flagrante falta de compromiso.

—No te molestes en ir a mi fiesta —digo indignada, y una fina capa de hielo recubre mis venas.

—Pero si me apetece mucho —insiste ahora—. Siempre y cuando pueda ir acompañado —agrega con un hilo de voz.

¿Lo has oído bien? Siempre y cuando pueda ir acompañado.

3

¡¡¡Estás invitado!!!
Lugar: Woody's, en 1225 Ocean Ave., Belmar,
N.J. 07719.
Fecha: Sábado, 29 septiembre 2003.
Hora: 7 de la tarde en la barra.
Motivo: Fiesta de cumpleaños y retirada del mer-
cado sentimental de Jeri Devlin.

Ven a celebrar con Jeri «los cuarenta principales» y
el anuncio formal de su retiro de la circulación. Cua-
renta años de soltería son bastantes para cualquiera.
Nadie puede decir que no lo ha intentado.

R. S. V. P. antes del 23-9-2003 al (723) 555 9274.
Por favor, nada de presentes, basta con tu presencia.

Cerrar los sobres es mucho más rápido ahora que por
fin me he librado de mis uñas acrílicas. ¿Para qué quiere
uñas postizas largas y esmaltadas una soltera de mediana
edad, si puede saberse? Para empezar, el único motivo

por el que las llevaba era que Jake siempre ha sentido debilidad por las mujeres con las uñas largas. Por descontado, él no es quien tiene que pasar interminables horas en el salón de belleza mientras te las rellenan y aguardas a que se sequen sin atreverte siquiera a hojear una revista por miedo a que se manche una.

La verdad sea dicha, ya me encuentro mejor. Estoy mejor sin esas uñas ridículas y mucho mejor sin Jake. Puede que esté sola, pero al menos he recobrado el amor propio. En cuanto cerré la puerta detrás de él aquella noche (de acuerdo, tal vez di un portazo), intuí que lo de salir con hombres se había acabado para mí. He decidido que ya no me puedo permitir lanzar mi corazón al ruedo para que luego me lo devuelvan hecho papilla. Esa clase de competición es demasiado ardua para una mujer de mi edad. Un retiro romántico es la única alternativa digna a estas alturas del partido.

El único problema es que ahora tendré que plantearme seriamente cómo voy a mantenerme en la vejez. Igual que la amenaza de un paro cardíaco o un derrame cerebral, convertirte en una solterona es algo que nunca piensas que realmente te vaya a suceder. Hasta que un buen día te encuentras cenando temprano en una mesa para uno, bebiendo zumo de ciruela y pidiendo huevos revueltos porque las dos coronas nuevas que acaba de ponerte el dentista aún están demasiado doloridas para masticar.

De momento ya se han hecho visibles unas diminutas venillas moradas en la parte exterior de los muslos y las rodillas me están empezando a doler de tanto acarrear cajas de cerveza desde el sótano del bar. Dentro de diez años cumpliré los cincuenta, y no quiero ni pensar en las propinas que se sacan a esa edad. Lo único que sé es que, a todas luces, esto de envejecer no está hecho para los mariquitas... ni para las camareras.

En cierto modo me siento como uno de esos comerciantes del paseo marítimo a cuya tienda hace añicos el embate de las olas durante un temporal de noreste en pleno invierno. Tras cinco devastadores años de entregarme en cuerpo y alma a esta relación, de pronto me veré obligada a encontrar una meta completamente distinta para mi vida. Sé de sobra que las feministas me odiarán por lo que voy a decir, pero, en lo que a mí concierne, la soltería, como los huracanes y las ventiscas, debería ser declarada estado de emergencia. Alguien debería encargarse de evaluar los daños y ayudarte a rehacer tu vida. La gente siempre corre a refugiarse en tierras altas en cuanto los vientos de tormenta comienzan a barrer la costa de Nueva Jersey. Por tanto, es lógico que yo haga lo mismo cuando se avecina una tempestad sobre el horizonte de mi futuro económico: evacuar.

Como tantos otros camareros, en realidad tengo un título académico, aunque nunca haya tenido la más mínima intención de servirme de él. Si cumplí con las formalidades fue simplemente porque no sabía qué otra cosa hacer hasta que me convirtiera en la señora de Fulanito. Según mi madre, un título de maestra siempre sería algo bueno a lo que recurrir si, Dios no lo quisiera, alguna vez tuviera que ganarme la vida fuera de casa. Aun en ese caso, tendría libres los veranos y estaría en casa a las tres para atender a mi futuro marido y a nuestros hijos. El plan parecía de lo más sensato... para una mujer orgullosa de servir a su marido.

Nadie espera que una joven de dieciocho años elija a un cónyuge apropiado a tan tierna edad y, sin embargo, seguimos insistiendo en que es lo bastante mayor como para decidir el rumbo que debe tomar su trayectoria profesional. Yo no soy como Abby, quien a esa edad ya sabía que estaba llamada a ser enfermera. En realidad, siempre quiso ser sanadora, pero la enfermería fue lo más parecido que encontró. Cuando le preguntaban por qué no se hacía médico, contestaba: «Los médicos se dedican a curar. Las enfermeras se dedican a cuidar y ahí es donde se produce la auténtica curación.»

Por descontado, yo también abrigaba mis ansias y sueños. El único problema fue que ninguna universidad ofrecía estudios de escritura de canciones románticas de éxito como asignatura principal, ni siquiera Princeton, que me iba tan bien como cualquier otra. Todo el mundo sabe que allí sólo van estudiantes de otros estados.

Trabajé unos ocho años en la escuela pública de Asbury Park hasta que por fin me di cuenta de que aborrecía la enseñanza y que no tenía ni una pizca de paciencia con los hijos de los demás. Esta revelación me sobrevino mientras asistía a una de esas cenas anuales de entrega de premios al final del curso escolar. Tras aplaudir a varios de mis colegas cuando les entregaban pequeñas insignias de oro por los servicios prestados durante tantos o cuantos años, de súbito me vi en su pellejo. Fue una imagen espantosa. Nunca había deseado ni por asomo convertirme en una de esas mujeres de carrera de mediana edad, anticuadas y sin gracia, que viven entregadas a su trabajo y que caminan como un pato hasta el estrado para recibir una insignia chapada en oro como si se tratara de un Oscar. Allí y entonces tuve claro que había llegado la hora de largarse. Y deprisa.

Abby fue la primera en sugerirme la posibilidad de trabajar en un bar. Intentó convencerme de que esa ocupación, aparte de proporcionarme un salario decente, también mejoraría drásticamente mi vida social, sosteniendo que su prima Sheila era el ejemplo perfecto. Al parecer, después de trabajar un solo verano en el Patrick's Pub de la Calle F, Sheila no sólo había conocido a su futuro marido, sino que también había reunido el dinero suficiente para costearse un banquetazo de boda en el elegantísimo hotel Barclay de Second Avenue.

—Figúrate —me dijo Abby—: no más despertadores a primera hora de la mañana, no más lecciones que preparar, no más noches de sábado encerrada en casa corrigiendo exámenes. Demonios, el único papeleo que tendrás que hacer será meterte FINS y SAWBUCKS en el sujetador.

—¿FINS y SAWBUCKS?

Abby puso los ojos en blanco y suspiró.

—Billetes de cinco y diez dólares —explicó—. Caray. Todo el mundo sabe eso.

Estoy segura de que no todo el mundo sabe eso. Yo, que me especialicé en literatura inglesa con música clásica como asignatura secundaria en el Monmouth College, jamás había oído semejante expresión. Lo que ocurre es que Abby es uno de esos raros seres dotados de una habilidad especial para captar matices. No desentona en ninguna parte, ya se trate de una cena de gala para recaudar fondos en Deal o de un comedor de beneficencia en Keansburg, y eso sin que le cueste el menor esfuerzo.

—Y no lo olvides —me recordó—, el último trago de la botella siempre es gratis. Esto es importante. Sobre todo en esos viejos bares irlandeses de por aquí.

—¿Cómo es que sabes esta clase de cosas? —pregunté, incrédula.

—Soy una experta observadora profesional —contestó Abby cansinamente—. En mi trabajo, tener o no tener ojo para el detalle puede suponer la vida o la muerte de un paciente.

—Supongo que lo próximo que vas a decirme es que no hace falta que tenga experiencia.

—¿Qué quieres decir? —Abby sonrió—. ¡Tienes experiencia de sobra! ¿Cuántas personas crees que han pasado tanto tiempo en bares como tú y yo?

Buena observación. Sin duda, un argumento irrefutable.

El caso es que por aquel entonces el propietario del Woody's Bar and Hotel era uno de los pacientes de la planta de Abby. Había ingresado con una úlcera y Abby lo había alentado a «airear» sus sentimientos en lugar de empaparlos en vodka para luego dejar que esa cáustica mezcla le corroyera las paredes del estómago. Al parecer, Woody fue un paciente estrella y de inmediato «aireó» que acababa de perder una pequeña fortuna en el hipódromo y que su camarero actual (alias Cabeza de Embudo) era un borrachín que estaba arruinando el bar. Para colmo, con el Cuatro de Julio al caer, los urbanitas de los tres estados más próximos ya abarrotaban la Garden State Parkway persiguiendo a sus feromonas hacia la costa de Jersey. Woody necesitaba desesperadamente un camarero de confianza a jornada completa.

Supuse que no me haría ningún mal solicitar la plaza.

Al día siguiente, Abby me llevó a hurtadillas hasta la habitación de Woody para que me entrevistara con él. A pesar del tubo de plástico que le salía de la nariz y del que serpenteaba por su brazo lleno de líquido intravenoso, Woody estaba de bastante buen humor y ya había accedido de buen grado a contratarme. Saltaba a la vista que, como casi todos los hombres que conocían a Abby, ésta había cautivado al viejo Woody. Me dijo que la recomendación de Abby suplía con creces mi falta de experiencia y que además ponía a mi disposición una habitación del hotel para que me instalara mientras trabajase allí.

Aquel día salí del deprimente ambiente del hospital rebosante de optimismo. Mi plan inmediato consistía en pasar un verano de miedo en el Woody's, conocer a un tío estupendo —quizás uno de los médicos amigos de Abby que hacían un alto para tomarse un cóctel después de una jornada extenuante en el quirófano, o tal vez un empresario que se tomaba un descanso después de un día entero de reuniones de altas finanzas— y asunto resuelto, ¿no? Todas las piezas encajarían sin más. Tendríamos un idilio arrollador, escribiría una canción de éxito sobre nosotros que tocarían en nuestra boda y algún día contaría a mis futuros hijos que no siempre fui maestra de escuela y madre. No señor. La corrí todo un verano haciendo de camarera en la costa en el Woody's Bar and Hotel, el lugar donde conocí y me enamoré de su padre.

Eso fue hace casi diez años. Sigo soltera, sigo sin tener una canción en la lista de éxitos y sigo preparando bebidas y viviendo encima de un bar en una habitación de hotel con el baño compartido. Un grupo toca en directo los fines de semana de invierno y todas las noches del verano, lo cual significa que nadie duerme antes de la una o las dos de la madrugada, cuando las paredes por fin dejan de vibrar con el martilleo de la música. Aunque pueda parecerlo, no me estoy quejando. Al fin y al cabo, es mucho mejor que ser maestra.

Desde luego, algunos sueños nunca mueren y supongo que los míos pertenecen a esa especie. Aunque con el paso de los años las circunstancias comienzan a serme desfavorables, sigo resistiéndome a renunciar a ellos. A veces, entrada la noche, cuando el bar está cerrado y Woody apaga las luces intermitentes de la marquesina, me siento en mi habitación y escribo la letra de mi canción romántica de éxito. Cuando me canso de eso, cierro los ojos e intento imaginar mi matrimonio «de éxito». Si pudo ocurrirle a Sheila, la prima de Abby, ¿por qué no va a ocurrirme a mí? Cuando llevaba cinco veranos haciendo de camarera en el Woody's, pensé que quizás había ocurrido.

La primera vez que vi a Jake Fletcher estaba sentado en un extremo de la barra y llevaba una camisa verde y una gorra de béisbol con el logotipo de la inmobiliaria Century 21. Naturalmente, di por sentado que era calvo ya que la mayoría de los tipos que llevan gorra lo hacen para ocultar una cúpula brillante. Aun así, me sentí atraída al instante. Tenía esos labios de sibarita que sonreían con sensualidad sin siquiera proponérselo, como los de un delfín contento. Le serví una Heineken y cuando levantó la vista y preguntó «¿Qué te debo?», la luz refractada de la ventana brilló en sus ojos, volviéndolos exactamente del mismo tono verde traslúcido de su camisa.

De pronto dejé de ser consciente de la multitud de clientes que se agolpaban agitando billetes de veinte dólares en el aire, rivalizando por captar mi atención. Hasta el banco de niebla que formaba el humo de los cigarrillos sin dejar ni un hilo de aire respirable me resultó tolerable. Sólo reparaba vagamente en la presencia de Woody detrás de mí, contando mentalmente el dinero que iba a ganar y elucubrando a qué caballo lo iba a apostar. Por primera vez desde que trabajaba allí, la algarabía de más de cien voces hablando a la vez no me pareció más molesta que la música de los setenta que sonaba de fondo. Todas las distracciones habituales cayeron en el olvido y antes de que Woody trazara el primer círculo en el formulario de apuestas, Jake Fletcher se había convertido en el riesgo laboral más grave de todos.

El instinto me dijo que iba a dejar huella en mí y no me equivoqué. Jake irrumpió en mi vida como un torbellino de pasiones desatadas, nervios a flor de piel y promesas vanas. Irradiaba simpatía y carisma y suponía un soplo de aire fresco después de todas las relaciones sin porvenir, los grupos de apoyo y los corazones partidos que había sufrido en el pasado. Tras una breve conversación tuve la impresión de conocerlo de toda la vida. Hasta su olor me resultaba familiar. Le propuse que se quedara hasta la hora de cierre y aquella misma noche acabé en sus brazos, tal como sabía que iba a suceder. Por extraño que parezca, fue como volver a casa.

No tengo ni idea del tiempo que lleva sonando el teléfono en mi desvencijada mesita de noche. Lo observo como si estuviera vivo y luego lo descuelgo a cámara lenta.

—¿Diga?

—¿Jeri? Soy tu madre. ¿Qué te pasa? Se te oye mal.

Abro la boca para hablar, pero una voz distante interrumpe desde un supletorio.

—Tu padre también está aquí —dice la voz—. ¿O es que no cuento para nadie?

—Oh. Hola, papá.

—¿Por qué se te oye tan lejos, Frank? —espeta mi madre como si yo no estuviera presente.

—No lo sé —replica él débilmente—. Es este maldito teléfono. ¡Ya te dije que no funciona bien!

—Por el amor de Dios, dale la vuelta —dice mi madre—. Seguro que has vuelto a cogerlo del revés.

Oigo unos ruidos a lo lejos y hago como que no me he percatado de lo confundido que anda mi padre últimamente.

—Venga, cuéntame qué te ha pasado. —Mi madre quiere aprovechar el desconcierto de mi padre—. Espero que no se trate de Jake otra vez.

Mi padre ya ha averiguado qué extremo es qué y su voz resuena en mi oído.

—Ahora. Mucho mejor.

—La verdad es que no quiero hablar de eso, mamá.

—¿De qué no quieres hablar? —interrumpe mi padre—. ¿Qué me he perdido?

—Jeri ha vuelto a asustar a Jake —informa mi madre.

—Madre, yo no he asustado a nadie —digo armándome de paciencia—. Jake es un memo. Necesita madurar.

—¿Qué ha hecho esta vez?

¿Por qué permito que me haga esto? ¿Por qué dejo que me arrastre a estas conversaciones que inevitablemente terminan haciendo que me sienta idiota?

—No tiene importancia, mamá —digo.

—No te estoy criticando, Jeri —me asegura, leyéndome los pensamientos—. Sólo confío en que no estés presionándolo demasiado para que se case contigo, eso es todo. Esa estrategia nunca da resultado.

—Eso ya no me importa —suspiro con desánimo—. Renuncio a los hombres y al matrimonio. Soy demasiado mayor para seguir torturándome de esta manera.

Me arrepiento de haber dicho esto antes de que las palabras lleguen al auricular.

—No te rindas, cariño —dice mi padre—. Mira tu prima Rosie, ¿eh? No se casó hasta los cuarenta y tres, ¿te acuerdas?

Lo dice como si fuese la primera vez que me refiere el

caso. Tal como están las cosas, me siento incapaz de aguardar hasta cumplir cuarenta y cuatro para que se vea obligado a dejar de usar a Rosie como un faro de esperanza para todas las solteras desesperadas de este mundo.

—Rosie se casó con un proxeneta, papá —le recuerdo.

—Eso nunca se ha demostrado —señala él—. Lo único que te digo es que no te rindas, eso es todo.

—Dejad a Rosie en paz —interrumpe mi madre—. Muy bien, a Jake se le van los ojos detrás de otras chicas. ¿Y qué? A todos los hombres les pasa lo mismo. No hagas caso. ¿Alguna vez te has parado a pensar que tal vez estás siendo demasiado dura con él? A lo mejor esperas demasiado.

—No, mamá. Nunca he pensado eso.

—Bueno, a lo mejor aún hay alguna posibilidad de que vuelva —suspira esperanzada—. Siempre lo hace.

—Pero yo no quiero que vuelva, mamá.

Naturalmente, no cuento con que vaya a creerme.

—No seas ridícula, Jeri —dice, quitándole importancia a mi réplica—. Claro que quieres que vuelva. El tiempo no está de tu parte, hija.

Ahora no tengo más remedio que sacar la artillería pesada. Normalmente me guardo de contarle los detalles a mi madre. La experiencia acumulada con los años me ha enseñado que, en el improbable caso de una reconciliación, cualquier cosa que diga contra Jake podrá y será utilizada en mi contra. Pero esta vez es distinto. Esta vez no habrá vuelta atrás.

—Quiere salir con otras mujeres, mamá.

Ya está, esto debería dejar sus velas sin viento, me digo, pero, naturalmente, estoy equivocada.

—Ya —dice tras un instante de atónito silencio—. ¿Y no podrías hacer la vista gorda?

4

Una hora antes de la gran juerga de cumpleaños/retiro aún no he decidido qué ponerme. Ya que voy a cumplir cuarenta, he decidido hacerlo con estilo. Tampoco es que tenga mucho donde elegir. Me planto en medio de la habitación luciendo la ropa interior que acabo de comprarme en Victoria's Secret y considero mis opciones. La ropa que abarrota el armario hace pensar que aquí viven tres personas distintas: una gorda, una flaca y una ni gorda ni flaca. Me figuro que he estado más disgustada con la ruptura de lo que al principio pensé, pues constato horrorizada que mis métodos de consuelo han dejado inservibles todas mis prendas de la talla cuarenta. Esto no marcha bien. Una vez más he cruzado la temida barrera que separa la sección «gorda» del armario, donde sólo hay tallas cuarenta y dos y superiores.

Fantástico. Mujer, gorda y cuarentona, me digo. Así es como Abby suele describir a sus pacientes de vesícula biliar. Tomo nota mental de revisar la cobertura de mi seguro médico.

Por descontado, Abby no considera que la cuarenta y dos sea una talla «grande». Jura y perjura que se trata de un nauseabundo complot de la industria de la moda para hacer que las mujeres normales con curvas se sientan inferiores. Sostiene que las tallas de la ropa son más pequeñas cada año y que los tejanos que la temporada pasada eran de la talla cuarenta ahora llevan una etiqueta de la cuarenta y dos, y así sucesivamente. Puede que tenga razón. Cada vez que vamos a Macy's, en el centro comercial de Monmouth, Abby coge un par de tejanos o un suéter y me hace adivinar la talla que le ha asignado el fabricante. Siempre me equivoco y Abby siempre me informa a voz en grito de que la minúscula prenda de vestir que sostiene con expresión incrédula lleva etiqueta de «grande».

Abby no es partidaria de hacer dieta, sino de comer alimentos sanos, disfrutar de la vida y comprar en el departamento de señoras, donde la ropa sigue la misma moda pero es mucho más cómoda que la que se encuentra en el de señoritas.

Alguien aporrea la puerta y me llevo un buen susto. Cojo la toalla que dejé en la silla y cubro mi abultado torso justo cuando la puerta sin cerrar se abre de golpe. Abby irrumpe en la habitación como un barril de pólvora.

—¡Feliz cumpleaños! —grita por encima del estruendo del grupo que está ensayando abajo, y acto seguido me rodea con sus brazos. Tras el abrazo de felicitación, saca una cartera Louis Vuitton del bolso y se sienta en la vetusta mesa de madera—. Toma, antes de que se me olvide —dice, arrojando distraídamente un puñado de monedas a la lata decapitada de Coca-Cola Light que tengo allí.

—¿Para qué es eso?

—Para la lavandería. Las he guardado para ti.

¿Ves qué clase de amiga es Abby Russo? Puede que

actualmente viva en el Cuerno de la Abundancia pero nunca olvida lo que es ser un modesto «inquilino» que necesita cambio exacto para hacer la colada en la lavandería.

Abby va muy guapa con unos pantalones negros de lino y una chaqueta azul zafiro de la que asoma una camisola de encaje color crema. Sus joyas son discretas pero exquisitas y lleva el pelo moreno recogido con un clip de pedrería.

—No puedo ir a la fiesta —me oigo decir—. No tengo nada que ponerme.

—Tonterías —dice Abby—. Haremos un modelazo.

—¡No me cabe nada! Estoy como una vaca.

—¿Y qué? Tienes todo el derecho del mundo a estar gorda. —Abby ríe—. Ahora tienes cuarenta, ya es oficial, de modo que se acabaron las presiones.

—¿Se supone que eso debe hacerme sentir mejor? Porque no es así, ¿sabes?

—Alegra esa cara, mujer —protesta mientras revuelve con destreza la sección «flaca» del armario. Saca unos pantalones negros jubilados y me los alcanza—. Empezaremos con estos —decide.

—¡Son un treinta y ocho! ¡Es imposible que me entren!

Abby me sonríe con complicidad.

—Nunca subestimes el poder de la *lycra*.

Está en lo cierto. Gracias al milagro moderno de los tejidos elásticos soy capaz de embutirme en los pantalones y, sorprendentemente, dejo de sentirme cuarentona. Las etiquetas de talla menor que la cuarenta son capaces de surtir este efecto en una mujer.

—¿Tienes un sujetador sin tirantes? —pregunta Abby.

—Sí, pero no tengo nada sin tirantes que ponerme...

—Ahora sí —me informa. Abre el cajón inferior de mi cómoda y saca un enorme pañuelo negro con ribetes plateados.

—¿Te has vuelto loca? ¡No puedo ponerme eso!

—Confía en mí.

No confío en nadie como en ella. Al fin y al cabo, Abby fue quien me enseñó a circular por la rotonda de Asbury Park cuando nos sacamos el carné de conducir. A mí me intimidaba la plétora de señales, por no mencionar los coches que se me acercaban a toda pastilla desde todas direcciones antes de virar hacia otras. En Nueva Jersey, las rotondas son todo un estilo de vida, pese a que en otros estados se las han ingeniado para librarse de ellas.

—Es muy sencillo —me explicó Abby—. Sólo tienes que apuntar al carril interior y seguir conduciendo en círculos hasta que te atrevas a salir. Es pan comido.

Desde entonces las rotondas no me preocupan lo más mínimo.

Cuando Abby da por terminada su creación, me quedo atónita. Me ha envuelto el torso con el inmenso pañuelo brillante y luego lo ha cruzado por un hombro, para acabar sujetándolo firmemente con un broche que ha encontrado en mi joyero. Tengo un favorecedor aspecto elegante que sólo una mujer madura y segura de sí misma se atrevería a lucir. No doy crédito a mis ojos cuando me miro en el espejo.

—¿Dónde has aprendido esta clase de cosas? —pregunto asombrada, hipnotizada por mi reflejo.

—Soy una solucionadora de problemas profesional. —Abby sonríe—. En mi trabajo, tienes que ser capaz de improvisar. Y ahora, andando. La fiesta nos espera.

Lo primero que veo mientras bajamos por la vieja escalera de madera es un magnífico ramo de rosas amarillas encima de la barra de atrás. Siempre han sido mis favoritas y muy poca gente lo sabe. Sin duda son un regalo de Abby y me pongo sentimentaloide.

El bar entero entona una versión beoda del *Cumpleaños feliz* cuando Abby y yo entramos del brazo. Se alzan vasos, se gritan brindis y personas a las que rara vez he estrechado la mano me besan y me desean un feliz cumpleaños. Dejándome estupefacta, Cabeza de Embudo, vestido con unos tejanos sorprendentemente presentables y una camisa que no da la impresión de ser la que ha llevado puesta durante toda la jornada de trabajo, me planta en los labios un prolongado y húmedo beso de alto contenido etílico. Estalla una salva de aplausos y Woody, que está sentado al final de la barra, se parte de risa.

—Ven aquí, homenajeada —invita Woody.

Acierto a oír el crujido de las articulaciones de sus caderas setentonas cuando se levanta del taburete con los brazos abiertos. Me da un beso muy casto en la mejilla y acto seguido un abrazo de oso.

—Pásalo bien —me dice al oído—. Cabeza de Embudo no quería decir nada con eso. Es un borrachín.

Dijo la sartén al cazo: retírate que me tiznas.

—¡Eh, Woody! —interviene Abby—. ¿Acaso me estás engañando, viejo?

El rostro de Woody rejuvenece diez años con sólo verla. Se estira e incluye a Abby en el abrazo.

—Eso nunca, nena, nunca —contesta, lanzando una mirada lasciva al profundo escote color crema—. ¿Qué van a tomar mis dos chicas favoritas esta noche?

—Yo, agua con gas —dice Abby—. Tengo que controlarme con un animal como tú en las proximidades.

—No estoy dispuesto a oír más tonterías como esa —protesta Woody. Se vuelve hacia el bar sin aguardar respuesta—. Oye, Vinnie —brama—. Descorcha esa botella de Dom que he estado guardando, ¿quieres? Y trae tres copas de champaña. Están debajo del armario junto a las tazas de plástico.

Me consta que Abby no tomará una gota de alcohol pese a que Dom Perignon es su champaña predilecto. Sólo hay una cosa que Abby desee más que una buena juerga: quiere quedarse embarazada, aunque rara vez lo reconoce.

Me pongo a estudiar a la concurrencia y voy captando el ambiente de la fiesta. En la vieja máquina de discos suena *Build Me Up, Buttercup*, y lo cierto es que estoy empezando a sentirme más fuerte que en los dos últimos días.

Reparo en que Abby le ha echado el ojo a un tipo que hay en la barra.

—Eh, Woody, ¿quién es ese guapo que está sentado al final de la barra? —pregunta.

Woody echa un vistazo en dirección al hombre y devuelve su atención a Abby.

—No te lo voy a decir —anuncia—. Pensaba que estabas casada.

—Y lo estoy.

—¿Ah sí? ¿Con quién? ¿Con un fantasma?

—Lo pregunto por Jeri, viejo cascarrabias —replica Abby—. Todo el mundo sabe que no tiene gusto para los hombres. Se me ha ocurrido que quizá debería elegirle uno. Soy bastante buena en estas cosas, ¿sabes?

—No, no lo sé —arguye Woody—. Por lo que sabemos, podrías estar casada con Quasimodo, diantre.

Abby no logra contener la risa.

—Vamos, Woody —prosigue—. Busquemos un hombre para Abby, un buen tipo.

Oh, no. Detesto que la gente haga esto. Nunca da resultado. De repente, me muero de ganas de que la velada termine para poder estar a solas con la única persona que sabe cómo satisfacer mis fantasías: yo. No me extrañaría que también terminara por acostumbrarme a esto.

—Muy bien, tú ganas —oigo que dice Woody—. Se llama Ben Walker. Es contable o algo por el estilo en Tom's River o por ahí.

Está en el extremo sur del estado. Si preguntas a la gente de por aquí, la mayoría te dirá que «Jersey del Sur» debería ser declarado un estado independiente del Norte.

—Ya basta, cortad el rollo —interrumpo—. No tengo el menor interés en que me consigáis un novio. Además, me estoy retirando de la circulación, ¿os acordáis?

—Oh, vamos, Jeri —insiste Abby—. Parece un buen tipo. Y tiene un buen trabajo —agrega.

—Y vive en la zona del prefijo 609 —suelta Woody.

—¿Y qué? —preguntamos Abby y yo al unísono.

—Pues que todo el mundo sabe que esa gente es un poco distinta de la de por aquí —alega Woody—. No tienen la misma sofisticación y cultura que aquí en el norte, con la ciudad y tal.

Naturalmente, se está refiriendo a Nueva York, que queda a unos noventa kilómetros de aquí en línea recta. Por alguna misteriosa razón, la gente de estos pagos nunca la llama Nueva York, es simplemente «la ciudad», como si fuese la única que cuenta.

La máquina de discos se para en seco a media canción y el grupo comienza a tocar una versión muy animada del *Isn't She Lovely* de Stevie Wonder. Me pongo colorada como un tomate cuando caigo en la cuenta de que he salido con la mitad de los tíos que forman el avejentado grupo de rock que está encima del escenario. Ritchie and the Shore Things constituyen un capítulo primerizo y bastante bochornoso de los alocados años en los que Abby y yo éramos las reinas de la noche.

—¡No puedo creer que Woody haya contratado a estos tíos! —chillo.

Deduzco, por la sonrisa petulante de Abby, que ha tenido mucho que ver en la decisión.

—Supusimos que te vendría bien distraerte después de toda esa mierda con Jake —confiesa.

El gesto de mi mejor amiga me conmueve sinceramente. Ahí estamos, Abby y yo, papando moscas como la primera vez que oímos tocar a estos tíos hará unos veinte años en el Donovan's de Sea Bright. Por aquel entonces todos los muchachos de Nueva Jersey aspiraban a convertirse en el próximo Bruce Springsteen y todas las chicas (incluidas Abby y yo) nos mostrábamos especialmente amables con los músicos por si acaso alguno de ellos lo conseguía.

—Ritchie me sigue gustando un montón —grito al oído de Abby—. Para ser alguien con tantas horas de vuelo, está mucho mejor de lo que me hubiese figurado.

—No es de extrañar —grita Abby a su vez—. Acaba de salir del taller.

No me importa. Ésta es la primera vez que he sentido aunque sólo sea un leve interés por un hombre que no fuese Jake Fletcher. Tiene que tratarse de un buen síntoma. Por un momento, dejo que me invada una cálida oleada de amor y agradecimiento por el modo en que Abby y Woody siempre están cuidando de mí. En medio del estruendo de la música y con la serenidad de las rosas amarillas como telón de fondo, me pongo sentimental.

El champaña está comenzando a hacer efecto y miro afectuosamente a mi mejor amiga.

—¡Si tuvieras pito, me casaría contigo! —le chillo al oído, y Abby se limita a sonreír.

El resto de la fiesta me queda bastante borroso debido a la inusual cantidad de champaña que consumo. Y no soy la única. Me fijo en que Ritchie and the Shore Things tienen varias bebidas a su alcance mientras procuran no ponerse taquicárdicos con el rock.

—Ritchie aún sabe moverse, ¿eh? —comento con aprobación.

—Sí, casi no se le nota que lleva una prótesis en la cadera —conviene Abby.

Esto resulta deprimente por más efecto que una quiera darle. La dolorosa verdad es que tantos años de beber, drogarse y vivir al límite han pasado factura a muchos miembros de mi generación. Encuentro aleccionador que los músicos de rock de mi edad sean ahora lo bastante viejos como para tener articulaciones artríticas, canas y dientes postizos.

Dicho sea en su favor, Ritchie and the Shore Things parecen ajenos a sus limitaciones físicas gracias al flujo constante de bebidas gratis con las que Woody siempre contribuye al espectáculo. De hecho, todos los integrantes del grupo parecen bastante avezados en lo de soplarse botellas enteras de cerveza sin perder comba.

—Pensaba que me habías dicho que Ritchie acababa de salir de rehabilitación —digo a Abby mientras observamos cómo hace desaparecer una Budweiser—. ¿Por qué bebe de esta manera?

—Porque acaba de salir de rehabilitación —repite Abby secamente.

Soy vagamente consciente de que alguien está anunciando mi cumpleaños por el micrófono y luego Ritchie me hace subir al escenario para que bailemos agarrados mientras canta con voz suave una versión del *Let's Stay Together* de Al Green. Cierro los ojos y lucho como una leona para evitar que imágenes de Jake invadan mis pensamientos, pero los recuerdos todavía son demasiado recientes. Cuando quiero darme cuenta, estoy un poco disgustada. Ritchie supone erróneamente que es su voz sexy la que ha hecho que me salten las lágrimas y me besa tiernamente en la frente.

Cuando la canción termina, Ritchie baja conmigo del escenario con una Bud recién destapada en la mano.

—Hola, Jeri —dice, poniéndome una mano en la nuca y apretándola suavemente—. ¿Quieres salir y sentarte en mi camioneta en el descanso? —Sostiene caballerosamente un porro recién liado y sonríe con picardía—. Esta tierra es fabulosa, ¿eh? —comenta, mirando la marihuana con la misma lascivia con la que me miraba a mí hace veinte años—. La mejor hierba del mundo. Hablemos de los viejos tiempos y a ver qué tal. ¿Qué me dices?

—Ni lo sueñes —interrumpe Abby desde mi espalda—. Jeri es la invitada de honor —dice, tirándome del codo—. Tiene que quedarse aquí y alternar con sus invitados. ¿No es cierto, Jer?

—Muy bien —dice Ritchie. Se encoge de hombros y sale al aparcamiento con aire despreocupado.

—¿Por qué has hecho eso? —inquiero, notando que arrastro un poco las palabras.

—Las buenas amigas no dejan que sus amigas salgan con borrachos —dice Abby bromeando—. Un polvo rápido en el aparcamiento con Ritchie Spadaro es lo último que necesitas.

—Quizá sea exactamente lo que necesito.

—No necesitas terminar en la cárcel por culpa de una redada de la brigada de estupefacientes —me reprende Abby—. Venga, salgamos a tomar el aire —dice, y no se trata de una mera sugerencia.

—La cárcel no está tan mal —protesto mientras me conduce hacia la puerta lateral—. Podría dejar de beber, o sacarme un doctorado y hasta perder unos cuantos kilos allí dentro.

—No necesitas perder peso —dice Abby con impaciencia—. Estás escuálida.

—¿Sí? ¿De verdad? Vaya, gracias —le digo, y sé sin mirarla que está poniendo los ojos en blanco.

—Has bebido más de la cuenta, Jeri —dice exasperada—. Además, pensaba que te estabas retirando de la circulación.

—Tienes razón. Se me olvidaba —admito arrastrando las palabras—. Probablemente ha sido culpa de las hormonas... si es que aún me queda alguna.

Mi piel sudorosa nota el frescor de la noche de septiembre y el aire es tan puro y vigorizante comparado con la atmósfera nicotínica del interior que casi duele respirar. Abby me lleva hasta la destartalada escalera de madera que sube por el exterior del hotel de cuatro pisos y que tiene la doble función de salida de incendios y de entrada privada para los inquilinos del hotel... al menos de los que están lo bastante borrachos como para arriesgarse a utilizarla.

Nos sentamos en el tercer escalón y recuerdo los montones de conversaciones de escalera como ésta que hemos mantenido desde que éramos niñas. Abby apoya un brazo protector en mis hombros y niega con la cabeza.

—No deberías beber, Jer —me regaña—. Te pones demasiado sentimental cuando bebes.

—Soy una persona sensible —protesto—. Una romántica sin remedio. No puedo evitarlo.

—Tonterías. En Nueva Jersey no hay un solo romántico sin remedio. No sobreviven.

—Todo es culpa de Barry Manilow —insisto, con voz de borracha mientras las lágrimas se derraman como lava incandescente por mis mejillas—. Para empezar, si los tipos como él no escribieran todas esas canciones románticas, las personas como yo no tendríamos expectativas tan altas.

Por alguna razón, este razonamiento tiene todo el sentido del mundo para mí.

Abby vuelve a poner los ojos en blanco.

—Escucha, tienes que superar lo de Jake, Jer, ¿me oyes? Lo único que hace es partirte el corazón y te aseguro que no merece ni una lágrima tuya más. Tendría que haber una ley contra los tipos como él.

Y ahora viene cuando suelto el estribillo de la mujer disfuncional:

—Pero le quiero —digo lloriqueando.

—No, no es verdad —me corrige Abby—. Sólo estás borracha. No es lo bastante bueno para ti. Ese tío no tiene nada que ofrecerte. Sólo es un donjuán superficial y egoísta.

—Ya lo sé. Tienes razón —convengo—. Es todo un donjuán.

—Por fin entras en razón —dice Abby alentadora.

—Con una polla como una secuoya —agrego, a sabiendas del efecto que tendrá.

Abby no me decepciona. Me da un golpe en las costillas y aparta la vista para ocultar la sonrisa que se está aguantando.

De pronto huele a café y al levantar la mirada veo a

Woody con tres vasos de plástico humeantes en precario equilibrio entre sus manos nudosas.

—Vamos, chicas, tomad una copa conmigo —propone, y ambas alcanzamos una taza y nos calentamos las manos frías con ella.

—Por el amor de Dios, es tu cumpleaños —refunfuña Woody al reparar en el pañuelo arrugado que llevo en la mano—. ¿A qué vienen esos lloros? —Se instala un escalón por debajo del nuestro y se apoya contra la pared de estuco—. Tiene que ser por ese mierda de ex novio tuyo, ¿verdad? Las chicas siempre lloráis por lo mismo.

Por lamentable que parezca, me halaga que Woody siga refiriéndose a Abby y a mí como «chicas». Lo más probable es que los ancianos alcohólicos de más de setenta años sean los únicos que lo hagan a partir de ahora, pero menos da una piedra.

—¿Cómo es posible que no me haya casado a estas alturas? —suelto de pronto—. Lo digo en serio. ¿Por qué a todos los hombres les da tanto miedo el compromiso?

—Oh, no. ¿De eso estamos hablando? —gruñe Woody—. ¿Otra vez toda esa mierda del amor y el matrimonio? Escucha, Jeri, el matrimonio no es tan bueno como lo pintan. Pregunta a cualquiera que haya estado casado.

—A mí me encanta estar casada —afirma Abby con total naturalidad.

—¿Lo ves? —digo en tono burlón.

—... pero elegí al hombre adecuado —continúa Abby con severidad—. Me aseguré que fuera un verdadero adulto, capaz de tratarme con el respeto que merezco.

No me pasa por alto lo que quiere decir.

—No te atengas a lo que dice —contraataca Woody—. Abby está casada con una puta aparición.

Abby da con la mano un golpe juguetón en el hombro huesudo de Woody.

—Además, el matrimonio no lo es todo —sostiene Woody, tomando sorbos de café—. Después de que mi tercera esposa me abandonara, me dije: ¿por qué esta manía de casarse? Busca a alguien a quien odies y cómprale una casa bien cara. Es lo mismo. No te estás perdiendo nada, Jer.

—Vaya, ahora me siento mucho mejor —digo enfurruñada.

—Tiene parte de razón —interviene Abby sensatamente—. No todas las relaciones deben conducir al matrimonio. Deberías aprender una lección de Alcohólicos Anónimos, Jeri —agrega con brusquedad.

—¿Alcohólicos Anónimos? —repito indignada—. No estoy tan mal, ¿o sí?

—No me refiero a la bebida —explica Abby—, sino a tu estilo de vida. Eres adicta a las relaciones alocadas, dolorosas y disfuncionales. Deberías intentar mantenerte alejada de los hombres por completo durante un tiempo, hasta que pongas en orden tus ideas. ¿Sabes lo que les dicen a los borrachos en Alcohólicos Anónimos?

—Me da miedo preguntarlo.

—Durante el primer año después de la recuperación deben abstenerse de toda relación romántica. En su lugar, se hacen con una mascota o una planta de la que ocuparse. Si ambos siguen con vida transcurrido un año, pueden plantearse dar el paso de iniciar una relación con un ser humano, y sólo entonces, nunca antes.

Pese a mi estado de ebriedad, me quedo impresionada. Tal vez Abby y Woody lleven razón. ¿Cómo es posible que esté llorando por un hombre que a todas luces es el que menos me conviene de cuantos hay en este mundo? Es una locura.

Quizá conseguir una mascota no sea tan mala idea. Sí, podría estar bien. Puede que haya buscado en una especie equivocada la aceptación, el compañerismo y la fidelidad que tanto anhelo.

—Puede que hayas dado en el clavo —digo pensativamente—. Si no estuviera tan cansada, iría a la perrera ahora mismo.

—¡No vas a traer ningún animal a mi hotel! —protesta Woody, con ojos desorbitados—. ¡Ya tenemos bastante con los de dos patas que rondan por aquí, por el amor de Dios!

No recuerdo cómo llegué hasta mi habitación, pero estoy casi segura de que no fue por esa traicionera salida de incendios exterior.

Conservo una vaga impresión de Woody guiándome por el vestíbulo a oscuras y de Abby llevando el espléndido ramo de rosas amarillas a mi cuarto y poniéndolo encima del tocador.

Soy ligeramente consciente de haberme desplomado en la cama sin quitarme el modelo de Abby y de pensar que los cuarenta no son nada distintos de los treinta y nueve. Me doy cuenta de que estoy mareada y de que toda una gama de emociones encontradas da vueltas en mi cabeza.

La profunda gratitud hacia mis buenos amigos se mezcla con el arrepentimiento por haber desperdiciado tanto tiempo y energía en mi destructiva relación con Jake. Si le hubiese dado la espalda la primera noche que estuve con él, me digo, no estaría sufriendo esta espantosa desilusión ahora mismo.

Pese a la falta de coordinación por el exceso de champaña, me las arreglo de un modo u otro para coger un bolígrafo y un bloc de la mesita de noche. Me apoyo en un codo y sostengo el papel bajo la luz que entra en el cuarto proveniente de las farolas del aparcamiento.

Me parece que se me está ocurriendo la letra de una canción.

5

A las seis de la madrugada me despierta bruscamente el estruendo de unas mil botellas de cerveza al caer en las fauces abiertas de un camión de la basura en el aparcamiento. El ruido rebota en las paredes de mi dolorido cráneo y hace que añore la tranquilidad del hogar de mi primera infancia, que estaba en un extremo de la pista de aterrizaje del aeropuerto de Newark.

Tengo la cabeza como si me hubiesen clavado un hacha y el estómago no anda mucho mejor. Rezo para que los demás inquilinos del tercer piso tengan más resaca que yo (lo cual es casi apostar sobre seguro), y así el cuarto de baño compartido del final del pasillo esté vacío y a mi entera disposición.

Abby me contó una vez que el alcohol es diurético y que el dolor de cabeza de cuando te despiertas a la mañana siguiente en realidad se debe a la deshidratación del cerebro. Armada de esta sabiduría, me pongo una bata y me encamino al cuarto de baño donde procedo a beberme la ducha. Media hora más tarde he vaciado el contenido de mi estómago (otra vez) y salgo al pasillo colorada, empapada y secándome el pelo recién lavado con una toalla. Me enrollo la toalla a modo de turbante y justo en ese momento Cabeza de Embudo abre la puerta de su cuarto y sale de puntillas al pasillo con una muda limpia, una toalla seca y un neceser. Resulta grato que al menos comience el día como una persona normal, me digo. Es una lástima que a mediodía ya vaya a estar como una cuba.

—Buenos días, Jeri —susurra, procurando no molestar al resto de inquilinos comatosos a tan temprana hora de un domingo.

—Hola, Cabeza de Embudo.

—¿Te encuentras bien? —pregunta echándome un vistazo—. Estás un poco pálida.

Me figuro que debo de tener un aspecto espantoso para que Cabeza de Embudo se percate. Su nivel de percepción no es exactamente muy alto, que digamos.

—Tengo que dejar de beber, no es nada —digo entre dientes, y el estómago se me revuelve como dando su aprobación.

Cabeza de Embudo se muestra ofendido.

—No es preciso ser tan extremista —dice muy serio—. Basta con que te pases al whisky. O al vodka. Absolut, si te lo puedes permitir. Aún no he tenido una sola resaca con esas bebidas.

—Tomo nota —le aseguro mientras avanzo con dificultad hacia mi puerta.

Ahora que las náuseas han remitido, decido llevar la ropa sucia a la lavandería Busy Bee de la calle Dieciséis. Ya que de todos modos voy a encontrarme fatal todo el día, no estará de más que aproveche para hacer la colada. Malhumorada, comienzo a deshacer la cama y entonces algo cae al suelo con un ruido sordo. Confundida, me agacho y recojo un bloc de notas amarillo y un bolígrafo

Bic de la alfombra andrajosa. Entonces me acuerdo. Debí de soltarlos anoche en la cama cuando caí en brazos de Morfeo.

Leo rápidamente las palabras escritas con la torpe caligrafía de alguien que ha bebido mucho más de la cuenta. Según parece intenté escribir una canción, pero perdí el sentido tras completar una única estrofa. Tratar de descifrar las palabras a plena luz del día resulta un tanto embarazoso y saca a relucir sentimientos de vulnerabilidad que olvidaré lo antes posible.

La primera vez que miraste hacia mí,
no sabía el precio que iba a pagar.
Te miré a los ojos y sonreí.
Debí haberte dado la espalda.

Es la pura verdad, me digo. Quién sabe dónde estaría ahora si hubiese apartado la vista hace cinco años cuando conocí a Jake. Desde luego, no estaría pasando por este calvario. Eso seguro.

Arranco la hoja del bloc y la meto en el bolsillo trasero de los tejanos que voy a ponerme. Quizá trabaje un poco en la canción mientras aguardo en esa lavandería dejada de la mano de Dios. Guardo las monedas de Abby en el otro bolsillo y entonces me pregunto por qué se fabrican máquinas de refrescos y teléfonos públicos que te devuelven el cambio exacto y en cambio nadie fabrica lavadoras de pago que hagan lo mismo.

Hago un breve alto para tomar un café y un bollo en el WaWa que hay al otro lado de la calle, la estrafalaria versión de Nueva Jersey de los Seven Eleven (y aún nos sorprende que se cuenten tantos chistes sobre nosotros). Para ahorrar tiempo, decido tomar el desayuno en el coche mientras conduzco hasta la calle Dieciséis. Me digo que si llego bien pronto a lo mejor me libro de tratar con la vieja cascarrabias de la lavandería.

La arpía de la lavandería es una de las leyendas vivas más antiguas de la costa. Si te imaginas una nevera con cabeza envuelta en un delantal, comenzarás a tener una idea del aspecto que tiene. Al parecer, su único objetivo en la vida es complicar las cosas a los inquilinos modestos de la zona que no disponen de los medios suficientes para comprarse una lavadora secadora y humillarlos todo lo posible.

La arpía de la lavandería lleva consigo su propio taburete al trabajo (probablemente porque no cabe en las sillas de plástico azul y naranja que están atornilladas al suelo) y lo planta en un rincón junto a las mesas plegables. Allí se pasa el día soportando el agobiante calor de las secadoras, controlando el funcionamiento de las máquinas y calando a la clientela. De vez en cuando he procurado mostrarme especialmente amable con ella, pero la arpía se limita a permanecer sentada con las medias arrolladas hasta los tobillos, las piernas de un blanco lechoso surcadas por venas moradas y la hirsuta mandíbula prominente, mirando al frente.

Por cada dólar, la arpía sólo te da tres monedas de veinticinco que saca de una roñosa riñonera que lleva atada a su portentosa cintura. Jamás he conocido a nadie que tuviera agallas de preguntarle adónde va a parar la cuarta moneda.

La veo en cuanto detengo el coche en el aparcamiento y me dejo llevar por una sorprendente oleada de compasión. Me pregunto si la pobre vieja tiene siquiera un hogar. Entonces caigo en la cuenta de que en realidad siento compasión de mí misma. ¿Y si termino como ella? Podría ocurrir. Apuesto a que ella no fantaseaba con convertirse en una arpía de lavandería cuando era una niña pequeña. Probablemente imaginaba que se casaría y tendría hijos igual que todas nosotras. Me pregunto cuándo se daría cuenta de que no iba a ser así. Me pregunto si lo supe cuando tuvo su última cita, su último beso, su último...

Corta el rollo, me digo. Puede que haya cumplido cuarenta pero todavía es demasiado pronto para ver mi futuro en una mujer así.

Las dos abultadas bolsas de lona pesan demasiado para que yo las lleve a cuestas, de modo que las arrastro al interior como si fueran dos borrachos hasta las máquinas más cercanas.

—Espero que no lleves edredones ni alfombras grandes en esas bolsas —me advierte la arpía.

—No, señora —contesto—. Conozco las normas.

La observo con el rabillo del ojo mientras cargo las lavadoras y me pregunto por qué será tan mezquina. Seguramente una vez tuvo un novio como Jake Fletcher, aventuro. Eso sin duda lo explicaría.

—Puedes lavar esas zapatillas de deporte —gruñe—, pero más vale que no te pille metiéndolas en la secadora. Esas malditas suelas de goma se derriten y lo dejan todo perdido.

Para cuando termino de llenar la cuarta máquina, he decidido ir a la panadería mientras aguardo. Normalmente no me atrevo a salir del establecimiento durante el lavado pues todo el mundo sabe que la arpía tiene la fea costumbre de sacar tus cosas de la lavadora en cuanto finaliza el ciclo de aclarado. De esta manera, otra persona puede usar la máquina y ella se embolsa otra moneda de veinticinco durante tu correspondiente ciclo de centrifugado. Pero hoy me da igual. Hoy necesito consuelo. Hoy necesito donuts de mermelada.

Estoy sentada en un banco delante de la panadería mordisqueando un donut y garabateando en los márgenes de la canción que estoy intentando acabar de escribir.

—Feliz cumpleaños —dice una voz que desconozco por completo desde la parada de autobús que hay a mi lado.

Levanto la vista y veo el rostro desconocido que la acompaña. No, un momento. Esta cara me suena. Creo. Es una cara amable. Un tanto insulsa y nada amenazadora.

—¿Te conozco?

—Trabajas en el Woody's, ¿verdad?

—Sí. ¿Quién eres?

—Me llamo Ben —dice, tendiendo la mano—. Te vi anoche en tu fiesta de cumpleaños.

—Ah, claro —digo, recordando vagamente a Woody y Abby hablando de él en la barra. Le doy la mano y noto un agradable apretón varonil—. Tú eres el sureño, ¿no? —digo sin tiempo a morderme la lengua.

—¿Cómo dices?

—Perdona. Es que Woody llama así a cualquiera que viva más al sur de la salida ochenta de la Parkway.

—¿Y eso es bueno? —inquiere con una sonrisa cordial.

—No, normalmente no.

No acierto a creer que esté diciendo esto. El problema es que no estoy acostumbrada a flirtear con nadie más que con Jake. Llevo cinco años sin ni siquiera mirar a otro hombre y todo esto me está poniendo nerviosa.

Ben se ríe.

—La gente de por aquí pensáis que allí abajo no somos más que un atajo de paletos desdentados que vivimos en el bosque vestidos de camuflaje, ¿verdad?

—No, no necesariamente. —¡Fantástico! Esto es lo que se dice una respuesta genial.

—¿Tomas una taza de café conmigo y prometo no limpiarme la boca con la manga ni atosigarte a preguntas?

Ahora soy yo la que se ríe.

—Sí, claro —me oigo decir, y me quedo patidifusa. Lo último que deseaba era aceptar la invitación. Recuerdo perfectamente que mi cerebro ha dicho que no, sólo que la boca ha desobedecido la orden.

Caminamos un trecho corto hasta una cafetería donde todavía sirven en la terraza.

—¿No vas a tener frío, aquí? —pregunta Ben cortésmente.

—Creo que no —contesto enseguida. No quiero darle pie a pensar cómo protegerme del frío.

Muy bien. Los detalles de nuestra charla intrascendente carecen de importancia. Esto es lo que saco en claro acerca de Ben Walker mientras tomamos café con leche bajo el sol veteado de finales de septiembre:

1. Está divorciado y sin hijos.
2. Tiene cuarenta y cinco años (aunque aparenta treinta y cinco).
3. No miente sobre su edad.
4. Es propietario de una gestoría en Tom's River.
5. Es un buen conversador y no se le van los ojos detrás de la primera mujer guapa que pasa cerca.

Pues vaya, desde luego tiene todo el aspecto de un contable, y no es exactamente el tipo de hombre que me pone el pulso a cien o que me produce la sensación de que acabo de tragarme una bola de bolera o que hace que el labio superior se me perle de sudor. ¿Y qué? Es un tipo... simpático. Y apropiado. Es un hombre simpático y apropiado.

Siendo así, ¿por qué no me atrae? Supongo que es como cuando eres niño y tus padres te llevan al parque de atracciones de Seaside Heights. Al principio, todo te atrae. Entonces subes por primera vez a la Montaña Rusa del Ratón Loco, tomando curvas muy cerradas quince metros por encima del agitado océano y, de súbito, la noria deja de ser tan excitante como solía. Eso es Ben Walker, una pequeña noria amigable y dispuesta que mira a las chicas que hacen cola para el Ratón Loco.

En cuanto tomo el último ruidoso sorbo de mi café con leche doble, anuncio que tengo que irme. Mis padres me esperan para celebrar el cumpleaños con una cena en familia (¡es verdad!) y todavía tengo unos cuantos recados que hacer. Además, me preocupa un poco que mi colada esté a merced de la arpía de la lavandería. Traducción: estar en compañía de un hombre normal que se muestra cortés y no parece necesitar un harén para ser feliz es una experiencia nueva, y las experiencias nuevas me ponen nerviosa. ¿Y si me pide que salgamos? ¿Estoy preparada para hacerlo? Creo que no.

Ben pide cortésmente la cuenta y la paga sin demora con una tarjeta American Express.

—Ya sé que te has retirado de la circulación y todo eso —comienza.

Oh, no. Justo lo que me temía, me digo.

—... pero ¿tomarías en consideración la posibilidad de salir de tu retiro el tiempo suficiente para cenar conmigo mañana? —pregunta con simpatía.

—Sería estupendo —me oigo contestar.

¿Qué diablos me pasa?

No puedo creer que acabe de utilizar la palabra «estupendo». En Nueva Jersey nadie habla así. Si no fuera porque me conozco, pensaría que estoy tratando de impresionarlo o algo por el estilo.

Ben me acompaña hasta la lavandería. Anoto mi número de teléfono al final de mi canción a medio escribir, lo arranco y se lo doy.

Él dobla el trozo de papel como si fuese un documento importante y lo introduce cuidadosamente en su bien organizada cartera.

—Te llamaré —dice, y no me cabe la menor duda de que lo hará.

Entrar en la lavandería es como hacerlo en una ola de calor. El lugar está atestado de inquilinos que se mueven lentamente y con cara de sueño, y que no parecen tener ganas de mantenerse sobrios durante la semana laboral que está al caer. Dirijo la mirada hacia las cuatro lavadoras que puse hace un rato y veo mi ropa mojada apilada encima de la última máquina. El agua chorrea del montón de ropa mojada y forma un charco en el linóleo barato del suelo. Como era de esperar, mis cosas no han pasado por el ciclo de centrifugado. Menuda sorpresa.

Pese a que no voy sobrada de tiempo, decido sentarme a esperar mientras mi ropa está en la secadora. Si alguna vez gano mucho dinero, me digo, me compraré una lavadora y una secadora aunque siga viviendo encima de un bar.

Mato el rato observando a la arpía de la lavandería abrir la puerta de una secadora y sacar un par de zapatillas de deporte que de inmediato arroja al cubo de la basura. Acto seguido, riñe a un cliente novato que ha cargado demasiado una máquina de tamaño normal, y para cuando ha interrumpido otras tres coladas durante el ciclo de centrifugado, mi ropa por fin está seca y me puedo escapar de ese infierno. Al menos hasta la semana que viene.

Estoy detenida en el semáforo del cruce de Main con la Quince y me fijo en el Lexus negro que está parado delante de mi coche. Meneo la cabeza con fastidio cuando el conductor y su pasajera rubia se siguen besuqueando sin reparar en que el semáforo se ha puesto verde.

Toco la bocina y el hombre levanta la vista y me mira por el espejo retrovisor. Vuelvo a tocar el claxon y esta vez la puerta se abre y lo primero que veo salir del coche es un mocasín Gucci impecable. Oh, no, me digo. No puede ser verdad. Vuelvo a notar el estómago revuelto.

Jake Fletcher se planta en medio de la calle Quince sonriéndome embobado mientras el tráfico lo esquiva. No me lo puedo creer. Gesticula y me dice algo, pero no alcanzo a oírle por encima del estruendo que causa mi frágil y recién adquirida sensación de bienestar al estrellarse contra el suelo y hacerse añicos. Vamos, sé fuerte, me digo. Eres una chica de Jersey y todo el mundo sabe que no nos amedrentamos.

Jake sigue de pie en medio de la calle con los brazos abiertos, aguardando, supongo, a que corra hacia él como si estuviésemos rodando un anuncio de Michelob para la televisión.

Lo tiene claro...

Esta vez toco el claxon sin parar hasta que la gente empieza a mirarnos. La rubia que va en su coche le chilla algo y Jake levanta las manos con desdén, vuelve a subir al coche y quema neumático justo antes de que el semáforo vuelva a ponerse rojo.

Naturalmente, me veo obligada a esperar otra vez, pero no me importa. Así pongo distancia entre nosotros, y eso me viene muy bien para ordenar mis ideas.

Abby dice que se necesitan dos años para recuperarse de la ruptura de una relación duradera; que la persona afligida tiene que superar dos ciclos completos de estaciones con todas las fechas de aniversario asociadas a ellas antes de que finalmente pueda aceptar la irrevocabilidad de la pérdida.

No me veo capaz de aguantar dos años sintiéndome así, decido. Justo cuando estaba empezando a sentirme un poco mejor, un poco más fuerte, aparece Jake como si llevara una especie de radar interior y echa sal a la herida.

Ahora vuelvo a sentirme como una gemela siamesa a quien acaban de separar quirúrgicamente de su otra mitad y que todavía suspira por la íntima proximidad de ésta. Sigo sin comprender que algo que comenzó de una manera tan prometedora y apasionada haya podido tocar a su fin con Jake persiguiendo la promiscuidad y conmigo convertida en una reclusa que sólo se identifica con las canciones de Barry Manilow.

Según parece el semáforo se ha puesto verde y el tipo que va detrás de mí hace sonar la bocina para que arranque. Caray, parece mentira que haya gente tan impaciente.

6

Un coche patrulla me sigue mientras cruzo el puente de Ocean Avenue hacia la vecina población de Avon, donde viven mis padres. No entiendo por qué llamo la atención de los agentes de la ley cuando sólo excedo en quince kilómetros por hora el límite de velocidad establecido, cosa que es prácticamente legal en estos pagos. Todo el mundo sabe que se necesita algo más que la longitud de este pequeño puente levadizo para pasar del ajetreo y la marcha de Belmar a la serena atmósfera familiar de Avon.

Abby y yo nos criamos juntas en esta pequeña localidad predominantemente católica que oficialmente se llama Avon-by-the-Sea. Más que con el proverbial crisol estadounidense, la costa de Jersey guarda un estrecho parecido con una ensalada variada de orígenes étnicos. Cada pueblecito da la impresión de tener su propia identidad religiosa y cultural y no necesitas que ninguna señal te diga que has pasado a la localidad siguiente.

Los pecosos irlandeses católicos de Avon y Spring Lake mantienen en funcionamiento los bares y las fábricas de crema solar sin la ayuda de nadie. Bradley Beach, por otra parte, es una comunidad predominantemente judía donde conocí a Barry, primer novio no católico. Es el lugar donde aprendí a que me gustaran la sopa fría de remolacha llamada *borsch*, el dulce de sésamo llamado *halvá* y los bocadillos de salmón ahumado. También es donde amplié mi vocabulario para incorporar palabras como *kvetch*, *shmear* y mi predilecta, *chutzpá*.

Al norte de Bradley Beach se encuentra Ocean Grove, cuya población está mayoritariamente constituida por ancianos protestantes. De hecho, no hace mucho aún mantenían en vigor la ley que prohibía el uso de automóviles en domingo. A medianoche del sábado cerraban unas grandes verjas de hierro, obligando a los residentes a aparcar sus vehículos fuera de los límites de la ciudad (en Asbury Park o Neptune) si tenían planeado ir a alguna parte en coche al día siguiente. Increíble pero cierto.

Como casi toda la gente de Jersey City, mi familia emigró a la costa cuando yo tenía siete años. Nos establecimos en una casa minúscula, poco más que un bungaló, en Garfield Avenue. Para gran consternación de mis padres, la única escuela parroquial de la zona ya estaba llena y había cerrado la matrícula. La noticia sumió a mi familia en la desesperación. En Jersey City, ir a la escuela pública era la peor desgracia imaginable. Sólo las masas incivilizadas que no eran aceptadas en escuelas privadas estudiaban allí. Ahora, sin que tuviéramos ninguna culpa, todo indicaba que mi hermano Billy y yo seríamos arrojados a los brutales pasillos de la población general, donde, supuestamente, podía ocurrir cualquier cosa.

Afortunadamente para mí, nuestros nuevos vecinos de al lado, los Russo, tenían una hija de mi edad. Ya a los siete años Abby Russo era una niña precoz, de mucho mundo y con un osado espíritu libre. Si me impresionó descubrir que no era católica, más estupefacta me quedé aún cuando me enteré de que sus padres eran republicanos, significara eso lo que significase. Como era de esperar, Abby enseguida comenzó a ampliar los horizontes de mi pequeño mundo católico y conservador, ejerciendo en mí una extraña influencia liberadora.

Al no tener ya encima de mí los vigilantes ojos de las Hermanas de la Caridad (nombre poco apropiado donde los haya), intuí que Abby Russo quizá tendría la clave de todas las preguntas sin respuesta que nos hacíamos las niñas de los colegios católicos de todas partes. ¿Qué es la «semilla» de un hombre y cómo entra en una mujer? ¿Qué es una virgen? ¿Para qué sirve en realidad esa máquina que hay en el aseo de chicas? Naturalmente, Abby tenía unas respuestas asombrosamente exactas.

Abby Russo no tardó en convertirse en mi primer modelo de rol femenino fuerte en un momento en el que ni siquiera estaba segura de que las niñas estuvieran autorizadas a serlo. Pasamos todo aquel primer verano sentadas en la escalera de la puerta trasera de su casa, hablando sin cesar sobre moda, muchachos y nuestros sueños para el futuro. Para cuando pusieron en venta el material escolar a finales de agosto, Abby ya me había convencido de que me habían lavado el cerebro «unas viejas anticuadas sin ningún sentido de la moda que para postre odiaban a los hombres».

Ya en aquellos primeros años de infancia Abby daba muestras de que un día se convertiría en toda una autoridad del diagnóstico. Me dijo que yo era una «víctima de la escuela católica» y que iba a necesitar un montón de confianza en mí misma y un montón de apoyo para amoldarme al «mundo real» de la escuela pública. Al parecer había visto casos como el mío con anterioridad. Me advirtió que tendría que esforzarme de lo lindo para adaptarme a una atmósfera normal donde los maestros eran gente corriente y donde «recreo» significaba salir al patio a balontiro en lugar de un descanso de diez minutos para ir al lavabo. Y lo que es más importante, mi nueva amiga prometió desentumecerme. Fenomenal.

Abby cumplió con su palabra. A diferencia del resto de nuestros compañeros de clase, jamás se burló del minúsculo crucifijo que yo dibujaba automáticamente en lo alto de las hojas de examen. También fue la única de la clase que no se reía cuando saltaba del asiento y me ponía en posición de firmes cada vez que los profesores se dirigían a mí. Abby se limitaba a sonreír pacientemente y siguió asegurándome que tarde o temprano le cogería el tranquillo a lo de ser libre y feliz.

Al llegar a la adolescencia comenzamos a fijarnos en los socorristas de la playa, esos personajes distantes, muy gallitos ellos, que estaban sentados a dos metros y medio del suelo en sus tronos de madera oteando su territorio y posando para sus embelesados súbditos. Caminaban un poco más erguidos que la mayoría y, a diferencia del resto de nosotros los meros mortales, se las arreglaban para tener un aspecto digno, casi majestuoso, pese a los gruesos pegotes blancos de óxido de zinc con los que se protegían la nariz.

Abby fue la primera que me alentó a intentar conseguir uno de los dos únicos puestos que quedaron vacantes en aquella brigada exclusivamente masculina. Me convenció de que poseía la complexión atlética necesaria para ser socorrista y también de que tenía la obligación de poner a una mujer en aquel feudo de la testosterona. No me atreví a discutir.

El día de las pruebas amaneció frío y gris. La temperatura del agua a finales de primavera no superaba unos glaciales catorce grados y una treintena de aspirantes aguardábamos temblorosos en la orilla, esforzándonos valientemente por disimular el castañeteo de los dientes. Sonó el disparo de salida y treinta cuerpos electrizados se lanzaron corriendo al agua gélida y comenzaron a nadar frenéticamente. Para cuando alcancé la boya y di la vuelta, ya no sentía los brazos; estaban entumecidos por el frío y cada dos por tres tenía que levantar la vista para cerciorarme de que se seguían moviendo.

De un modo u otro, mientras nadaba me las arreglé para discernir la voz estridente de Abby dándome ánimos desde el paseo entarimado. Su entusiasmo encendió una chispa que me propulsó por el agua como una estruendosa lancha motora directa a los anales de la historia de Avon-by-the-Sea. Para cuando salí a trompicones a la playa tosiendo, jadeando y farfullando, supe que Abby Russo acababa de presentarme una parte de mi ser de la que las monjas no sabían absolutamente nada. También fui consciente de que yo acababa de presentar a nuestro aletargado pueblecito costero una de sus primeras mujeres socorristas.

Me fijo en las luces rojas intermitentes que llevo detrás y cobro conciencia del momento presente. Una sirena lanza dos abruptos gemidos por si no me he dado por aludida con las luces cegadoras, digo yo. Vuelvo a mirar por el retrovisor y me pregunto por qué ese maldito coche patrulla sigue pisándome los talones. Sin duda andarán a la caza de algo más interesante que una infiel de Belmar que cruza demasiado deprisa el puente hacia Avon.

Puesto que apenas voy a unos conservadores cincuenta kilómetros por hora en un tramo señalizado con un límite de cuarenta, sólo me cabe suponer que el agente está ansioso por adelantarme. Me hago cortésmente a un lado y le cedo el paso para que cumpla con su deber. Para mi asombro, el coche patrulla se pega a mi parachoques trasero y me obliga a detenerme en el arcén mientras los curiosos comienzan a juntarse.

Miro por el retrovisor lateral y al ver al agente Billy Devlin, mi hermano pequeño, apeándose del coche patrulla, me echo a reír. A pesar de las gafas de sol de espejo, de la insignia impecablemente pulida y del arma colgada amenazadoramente en la cintura —todo ello con fines intimidatorios—, no hay manera de disfrazar al hombre campechano y benevolente que se oculta tras esos complementos. Su sonrisa fácil y su andar despreocupado y pausado no transmiten ninguna sensación de amenaza. Y esto a veces me preocupa.

—Hola Billy. —Dedico una sonrisa de suficiencia a los chismosos mirones—. No sabía que trabajabas hoy.

El rostro de mi hermano permanece inexpresivo. No muestra el menor indicio de reconocimiento, como si no recordase que tiempo atrás era yo quien le cambiaba los pañales sucios.

—Carnet de conducir y papeles del coche, señora —recita con fingida formalidad.

—Sí, claro.

—Señora —repite impasible—. Carnet de conducir y papeles del coche, por favor.

Aunque su actitud es de machista autoritario, el temblor de las comisuras de los labios revela que está reprimiendo una sonrisa.

—¡Acoso policial! —grito lo bastante alto como para

dar a los mirones lo que están esperando—. ¡Esto es discriminación geográfica!

Billy me mira sin entender.

—¿Discriminación geográfica? —repite, y el temblor labial se acelera.

—Exacto —sostengo a voz en grito para todos los aburridos ancianos que se han congregado en la acera—. Usted me ha detenido sólo porque vengo de Belmar y, claro, ¡ha dado por sentado que soy una borracha, una marginada o una delincuente! ¡Siempre se están metiendo con nosotros, los pobres bel-marcianos!

Mi hermano se apoya el pulgar entre los ojos y niega lentamente con la cabeza.

—¿Bel-marcianos? —repite.

—¡Ármale una buena, Jeri! —grita la anciana señora Lau desde el paseo entarimado—. ¡El gobierno tiene demasiado poder sobre nuestras vidas hoy en día!

Sonrío con petulancia y la saludo cerrando los puños con los pulgares hacia arriba.

—No puedo creerlo —murmura Billy, tratando de salvar algún retazo de dignidad profesional—. He registrado un exceso de velocidad de quince kilómetros por hora, ¿sabes?

—¿Y qué esperabas? Mamá tiene un bistec aguardándome.

Billy da carta blanca a su sonrisa y ésta se expande rápidamente por su pecoso rostro de irlandés.

—Vaya, ¿por qué no me lo habías dicho, hermanita? Te escoltaré hasta casa. Sígueme.

Mi hermano sube a su coche patrulla y acto seguido sale del arcén con las luces destellando y la sirena gimiendo. Lo sigo y nos metemos con prepotencia entre el denso tráfico de Ocean Avenue dejando un rastro de bocinas atronadoras y airados gestos con el dedo corazón en alto mientras Billy me abre camino habilidosamente entre los coches apretujados. He notado que la gente de por aquí tiende a mostrarse un tanto irritable con los representantes de la ley y que se pone descaradamente agresiva cuando piensa que un civil normal y corriente como yo se está colando sin ningún motivo que lo justifique. Incluso hay un tipo que lanza un corazón de manzana contra mi guardabarros.

Siguiendo la estela de Billy, giro a la izquierda en Washington y luego cruzo Woodland Avenue subiéndome al bordillo. Bajamos a toda velocidad por Sylvania hasta las vías del tren una fracción de segundo antes de que un tráiler con matrícula de Nueva York salga marcha atrás de un callejón. Más bocinazos. Más dedos en alto. ¡Ja, ja, ja! Bienvenidos a la costa de Jersey. Aquí no hay nada sagrado. Hago caso omiso de las miradas iracundas de los demás conductores y procuro no leerles los labios cuando paro el coche en seco con un chirrido delante de la casa de mis padres. Billy mete diestramente su coche patrulla en la entrada de vehículos y lo detiene a menos de un centímetro de la puerta del garaje.

Me siento extrañamente estimulada por tan vertiginosa experiencia, casi mareada. De repente me doy cuenta de que no voy a permitir que nadie me haga sentir impotente otra vez; y menos aún un tipo como Jake Fletcher. Si he aprendido alguna cosa en mi vida, ha sido a mantenerme a flote.

7

Mi madre está sentada en la sala de estar enganchada a una reposición de *The Forensic Files* cuando Billy y yo entramos de sopetón.

—¡Madre de Dios! ¿Qué ha pasado? —inquiere, levantándose de un salto—. ¿Le ha sucedido algo a Patty?

Patty es una ex infante de marina que ahora es la esposa de mi hermano. Ella y Billy esperan al que será el primer nieto de mis padres para dentro de un par de meses. No me cabe la menor duda de que Patty será el orgullo de la infantería de marina cuando valientemente dé a luz un bebé de tres kilos y medio por una abertura más pequeña que el cañón de un M14.

—No, mamá. Patty está bien —la tranquiliza Billy.

—Bueno, es que esa muchacha me preocupa —insiste mi madre—. Está demasiado delgada.

—No hay de qué preocuparse, Central —le asegura mi hermano con impostada bravuconería—. Llevo comiendo por dos desde que se quedó embarazada. —Mete la mano en el bolsillo de la camisa, saca una bolsa arrugada de Dunkin' Donuts y se mete en la boca medio donut de mermelada—. En serio, me muero de ganas de que

tenga el bebé para que se me pasen de una vez estos anto-
jos —farfulla con la boca llena de masa morada.

Mi madre le dedica la obligada expresión de falsa indignación que Billy espera y así da comienzo otra fasci-
nante cena en la residencia Devlin.

—En las calles se murmura que hay un bistec fugitivo
en la zona —dice Billy, acabando de engullir la rosqui-
lla—. ¿Sabe si se trata de un rumor fundado, señora?

Sonríe con picardía, saca barriga y se da unas palmaditas en ella. Mi hermano es el único recluta del que se
tenga constancia que haya ganado peso en la academia de
policía.

—Ajá. —Mi madre vuelve a estar sentada con toda su
atención puesta de nuevo en *The Forensic Files*—. Avisa a
tu padre. Me parece que está en el garaje —dice con voz
ausente—. Sólo quiero ver si el perfil del ADN de este
tipo encaja con el que había debajo de las uñas de la víctima. La cena está casi lista.

Hasta cierto punto, incluso mi tradicional y conserva-
dora madre se ha visto arrastrada —quizá sin saberlo—
hasta el siglo XXI. Gracias a programas como *C.S.I., Mug
Shots* y la multitud de series de detectives de la televisión
por cable, Kathryn Devlin es una autodidacta experta en
los últimos avances de la tecnología forense. Ve *Crime
T.V.* religiosamente y considera un deber cívico poner al
día de las últimas novedades a mi hermano y al resto del
cuerpo de policía de Avon.

Billy y yo cogemos un puñado de frutos secos del
cuenco que hay encima de la mesa de café y nos instala-
mos uno a cada lado de ella. La cosa puede ir para largo.

Sin que nadie haya ido en su busca, de repente llega
mi padre del garaje y se queda plantado en el umbral, con
cara de desconcierto. Sólo me percato de su aparición

porque Billy hace ruido con un cacahuete al verle. Papá lleva unas sandalias andrajosas con calcetines blancos deformes. Los tejanos rasgados y manchados de grasa le van dos tallas grandes y desentonan terriblemente con la camisa de vestir planchada a la perfección y la corbata a rayas negras de Armani. Sostiene una sierra de arco en una mano y la toalla de baño favorita de mi madre en la otra.

—Sólo estaba afinando el Chrysler —anuncia como si contara con que alguno de nosotros fuera a tomarle en serio.

Mi padre, que antaño efectuaba todas las reparaciones de nuestros coches, ahora apenas es capaz de encontrar el contacto, y mucho menos de identificar una pieza de debajo del capó.

—Eso explica la sierra —dice Billy, deliberadamente inexpresivo—. ¿Has encontrado el momento de cambiar esa batería descargada?

Mi padre mira a mi madre sin comprender, pero ella está demasiado enfrascada en los análisis de balística como para darse cuenta.

—¿La batería está descargada? —repite consternado—. ¿Por qué no me has dicho nada, Kate? ¡Acabo de pasarme cuatro horas trabajando en la transmisión!

—¿Y qué más da? —contesta mi madre sin apartar los ojos de las muestras de salpicaduras de sangre—. Ese coche es una porquería. No puedes arreglarlo ni estropearlo.

Mi padre adopta un aire abatido y, gracias a Dios, suena el teléfono.

—Yo contesto —espeta, tambaleándose por la habitación con unas piernas que no funcionan mucho mejor que la transmisión del Chrysler. Coge de un zarpazo el mando a distancia de encima del televisor y se lo acerca al oído—. ¿Diga?

El teléfono sigue sonando.

—¡Diga! —exige, pegando un grito—. Te digo que a este maldito teléfono le pasa algo, Kate —insiste.

Mi madre no hace el menor caso.

Billy y yo procuramos no mirarnos.

Mi padre golpea el mando a distancia contra la palma de la mano y se lo vuelve a poner junto al oído.

—¡Diga! ¡Maldita sea!

—Papá —digo levantándome del sofá y señalando—. El teléfono está ahí, encima de la mesa.

Una luz tenue le ilumina los ojos sin brillo por un instante.

—Ya lo sabía —dice con impostado buen humor—. Sólo os estaba tomando el pelo.

—Pues lo has conseguido, papá —contesto con una risa forzada—. De verdad que me lo he tragado.

Cuando coge el teléfono ya han colgado.

—Estos tíos que cuelgan cuando contestas me sacan de quicio —gruñe—. Tendría que existir una ley contra ellos.

Antes de que el Alzheimer arrasara su memoria reciente, mi padre era capitán de policía en Jersey City, donde gozaba de una reputación excelente. Igual que a varias generaciones de inmigrantes irlandeses antes que él, a mi padre le sedujo el señuelo de la autoridad instantánea, un salario seguro y un plan de pensiones decente. De hecho, parece que lo de ser policía es una enfermedad hereditaria entre los varones irlandeses. Pese a que siempre he temido que mi hermano es un espíritu demasiado amable y delicado para tratar con lo que mi padre denomina «la escoria de la sociedad», me figuro que en realidad Billy nunca tuvo otra opción.

Los polis son gente leal y cuando además son padre e hijo, bueno, no puede haber vínculo más estrecho. Nuestro padre siempre dio por sentado que Billy seguiría sus pasos y mi hermano no se atrevió a decepcionarlo. Papá tenía un poder autoritario y aparentemente indestructible que representaba el triunfo del bien sobre el mal durante la época más ingenua de nuestra infancia. Todos los críos del vecindario —y también algunas niñas— ardían en deseos de emular al capitán Devlin.

Ahora ni siquiera recuerda cómo hay que vestirse.

Mi madre apaga el televisor y se retira a la cocina.

—¡Todos a lavarse las manos antes de cenar! —ordena por encima del hombro.

Como un niño obediente, mi padre se dirige al lavabo del vestíbulo y un minuto más tarde oímos que tira de la cadena.

—¡Tira bien de la cadena, Frank! —brama mi madre desde la cocina.

—¡Mamá! —digo en un tono contenido—. Es un adulto hecho y derecho. ¡Sabe de sobra cómo se tira de la cadena!

Mi madre se vuelve lentamente para ponerse de cara a mí y por un instante no la reconozco.

—No eres tú quien tiene que pasar la fregona cuando el depósito se desborda —expone cansinamente—. Ni quien le dice que se ha puesto los zapatos al revés, ni quien cierra la puerta por fuera cada noche para que no deambule por ahí mientras duermes.

—¿Y qué? —arguyo en un susurro—. Fregaré yo si es necesario. ¿No puedes dejarle un poco de... dignidad?

Mi madre me fulmina con la mirada y me inquieto al darme cuenta de que algo ha cambiado. La expresión de su rostro me resulta del todo ajena últimamente. Inspira profundamente, niega con la cabeza y suelta el aire antes de seguir cocinando. Esta respuesta nueva y desconocida, sumada a la ausencia de palabras, es más intimidatoria que cualquier reprimenda verbal del pasado.

A lo largo de los años ha sido interesante observar el progresivo intercambio de roles que han protagonizado mis padres. El intrépido líder que una vez tuve por padre ha experimentado una regresión hacia el niño perdido y asustado que necesita que estén constantemente encima de él. Mi madre, por su parte, ha sufrido una metamorfosis que ha convertido a la sumisa esposa católica que era antaño en un competente y exigente sargento de instrucción. ¿Será esto lo que te hacen cincuenta años de matrimonio con la misma persona? ¿Te convierten inevitablemente en el polo opuesto de lo que eras? Siento escalofríos sólo de pensarlo.

Mi madre saca la carne del grill con destreza, la pone en una fuente y me la pasa.

—Lleva esto a la mesa —dice, pasando por alto mi último comentario como si no mereciera una explicación—. Dime, ¿desde cuándo has dejado de ir a que te arreglen las uñas? —pregunta, mirando con desdén las puntas de mis dedos sin postizos ni esmalte.

—Desde que he cumplido cuarenta —replico.

Gracias a Dios, mi madre es lo bastante lista como para no abundar en el tema. Se limita a fruncir el ceño y luego mira por la ventana y ve el coche patrulla aparcado delante del garaje.

—¡Billy! ¡Saca ese maldito coche de policía de mi jardín! —exige poniendo los brazos en jarras, y me pregunto cuándo «nuestro» jardín se convirtió en «su» jardín—. ¡Ese trasto pierde más aceite que un colador y lo sabes de sobra!

—De acuerdo, mami —contesta Billy sonriendo afablemente—. ¿Quieres que descargue la pistola mientras lo hago?

—No te pases de listo —rezonga mi madre, pero sus palabras las ahoga el parloteo ininteligible que de pronto emite a todo volumen la radio del coche de Billy. Mi hermano escucha atentamente esos sonidos extraños y los va traduciendo mentalmente en algo que al parecer tiene significado.

—Lástima de cena —masculla, dirigiéndose a la puerta—. Tengo que irme.

—¿No te quedas a cenar? —pregunta mi madre horrorizada.

—Negativo, Central —contesta mi hermano—. Vuelvo a las calles a infundir un poco de respeto.

—Ten cuidado —advierte mi madre y, por alguna razón, me siento como si estuviera en un episodio de *Canción triste de Hill Street*.

—Recibido —responde Billy—. Por cierto, mamá, no te olvides de ver *American Justice* esta noche, ¿de acuerdo? Tengo un par de citaciones en el tribunal que están al caer y puede que necesite de tu pericia. —Colmado el vaso, se pone las gafas de sol y abre la puerta—. Cambio y fuera —dice bromeando.

Mi madre deforma su sonrisa mordiéndose el labio inferior. La visita va de mal en peor a partir de ese momento.

—¿Ya has tenido noticias de Jake? —pregunta tras bendecir la mesa. Avon-by-the-Sea es uno de los pocos lugares que quedan en el área metropolitana de Nueva York donde sigue siendo perfectamente normal rezar en voz alta antes de una comida.

—No, qué va —miento. Bueno, en realidad no es una

mentira. Presenciar cómo se besa con una rubia en un semáforo no es lo mismo que tener noticias de él.

—Qué pena —dice frunciendo el ceño—. A mí me gustaba Jake. Tenía clase.

Traducción: se gana bien la vida, es católico y no está fichado.

Desde que salí con Mickey Hines, que años después dio con sus huesos en la prisión estatal de Rahway por atraco a mano armada, nadie se fía de mi criterio en lo que a hombres se refiere. De ahí que le pidan a mi hermano que compruebe los antecedentes penales de todas mis relaciones sentimentales, y Jake fue uno de los pocos que pasó la inspección.

—La verdad es que no tengo ganas de hablar de Jake, mamá —digo de mal talante—. Esta vez hemos roto en serio. Nunca se portará como un adulto.

—Vamos, no seas tan pesimista —censura—. Ya volverá. Los hombres desean casarse tanto como las mujeres. Es sólo que tardan más en darse cuenta.

—Él cree que una alianza es la versión en miniatura de unas esposas —gruño.

Ella ni se inmuta.

—Bueno, siempre he dicho que tu problema es que sólo sales con una persona a la vez. Te lo juegas todo a una carta, pásame la mantequilla, haz el favor, Frank, y luego te desmoronas cuando algo sale mal.

Oh, no, otra vez no, me digo. Casi podría recitar este sermón palabra por palabra junto con ella. «En mis tiempos, salíamos en grupo...»

—En mis tiempos, salíamos en grupo —comienza—. Así es. Y nadie se tomaba en serio a nadie hasta que había un anillo de diamantes de por medio.

Opto por no recordarle que Jake ya me ha regalado

un diamante en dos ocasiones distintas. Desde luego no quiero abrir esa lata de gusanos ni enzarzarme en otra discusión sobre su miedo a conocer a la mujer perfecta durante nuestra luna de miel. Hasta mi madre tropieza con serias dificultades para defenderlo llegados a ese punto.

En vez de eso, finjo escuchar sus consejos mientras observo cómo mi padre intenta cortar la carne con una cuchara. Discretamente le paso mi cuchillo mientras mi madre sigue con la cantinela de que hoy en día las mujeres son demasiado «fáciles». Mi padre coge el cuchillo y se queda mirándolo como si fuese una especie de instrumento de alta tecnología.

—Oye, ¿alguna vez te he hablado de tu prima Rosie? —dice, al reparar en mi expresión comprensiva—. No se casó hasta los cuarenta y tres.

—No, creo que no me lo habías contado nunca, papá —suspiro.

—Vaya, me cuesta creer que nunca te haya hablado de ella —dice incrédulo—. Da igual, no te preocupes, cariño. Todavía tienes un montón de tiempo. Cada cazo tiene su tapa.

—El problema es que todas las mías acaban siendo tapas de váter.

—No seas grosera, Jeri —regaña mi madre—. Estoy convencida de que a Jake no le gustaría nada esta manera de hablar.

Me muerdo la lengua para no ponerme a gritar y mi padre levanta la vista del puré de patatas que está pinchando con el cuchillo.

—¿Jake? —murmura—. ¿Quién diablos es Jake?

Para cuando estoy lista para marcharme, no encuentro mi chaqueta por ninguna parte. Mi padre insiste en que no llevaba y mi madre me indica con un ademán que la busque en mi antiguo dormitorio, donde mi padre suele almacenar toda suerte de cosas últimamente. Como es lógico, el sargento de instrucción mamá da en el clavo. Encuentro mi chaqueta cuidadosamente colgada encima de la lámpara de pie que hay junto a mi antigua cama. La lámpara está encendida y un leve halo de humo la envuelve. Agarro la chaqueta sin más dilación y de súbito un olor acre a piel chamuscada invade la habitación. Hay un agujero calcinado justo debajo del cuello y prácticamente noto cómo se me parte el corazón. No porque mi chaqueta favorita se haya estropeado, sino porque el padre listo y competente en quien siempre confié para que me protegiera se está desvaneciendo irremisiblemente... y no puedo hacer nada al respecto.

De repente, necesito salir de allí. Doblo la chaqueta hasta formar un bulto compacto que meto diplomáticamente bajo el brazo. Cojo el bolso y enfilo hacia la puerta.

—Tengo que irme —anuncio imitando la exitosa estratagema de mi hermano.

—No olvides esto —dice mi madre alcanzándome una bolsa azul lavanda—. Es un regalito de tu padre y mío —explica—. ¡Y no olvides ponerte la chaqueta! ¡Fuera hace un frío que pela!

—No te apures, mamá. No tengo frío.

—No seas ridícula. ¡Estamos a cinco grados!

—Ya, pero es que estoy acalorada, mamá —improviso con evasivas—. Quizás esté teniendo mi primer sofoco menopáusico.

—Bobadas. Eres demasiado joven para eso —me asegura—. Venga, abrígate. —Me arranca la chaqueta de debajo del brazo y la desdobla, descubriendo el enorme agujero calcinado que tiene entre los hombros. Mi madre suelta un grito ahogado de horror—. ¡Oh, Dios mío! ¿Qué le ha pasado a tu chaqueta?

Mi padre parece un niño confundido cuando contempla el agujero negruzco abierto en la piel marrón.

—Está... quemada —dice con voz entrecortada—. Tiene forma de... de bombilla... o algo por el estilo.

Mi madre toma aire bruscamente.

—¡Oh, Madre de Dios! ¿No habrás confundido otra vez la lámpara de pie con un perchero, verdad, Frank?

Mi padre guarda silencio como un escolar culpable y siento vergüenza ajena.

—No, claro que no, mamá —afirmo un poco demasiado a la defensiva—. He sido yo. Ha... ha sido un accidente. No sé en qué estaría pensando.

Mi madre abre la puerta y se hace a un lado.

—Buenas noches, Jeri.

Decido ir a casa dando un rodeo. A pesar del frío otoñal, conduzco con la ventanilla abierta e intento sin éxito borrar la lastimosa imagen del rostro alicaído de mi padre cuando se ha dado cuenta de lo confundido que está realmente. Es espantoso que la senilidad tenga que ser un proceso tan gradual. Si tienes que perder la cabeza, me parece que sería mucho mejor perderla de golpe. Encuentro cruel tener esos momentos intermitentes de lucidez en los que cobras conciencia del peligro que supones para ti mismo y para las personas a las que amas.

Me pregunto si eso es lo que nos aguarda a todos. Para ser más concreta, me pregunto si eso es lo que me aguarda a mí. Según Abby, la herencia puede ejercer una poderosa influencia sobre estas cosas. Y si lo hace, ¿qué le sucede a una persona que no consigue encontrar pareja, que no tiene a nadie que vele por ella cuando ya no es capaz de cuidar de sí misma? O sea, ¿qué le pasa a una persona como yo?

¿Quién se ocupará de mí cuando ya no recuerde que no debo combinar cuadros escoceses con lunares, o cuando ya no logre cuadrar mis cuentas, o cuando me olvide de ponerme a resguardo de la lluvia? ¿Quién se asegurará de que como mis verduras, tomo mis vitaminas y no le prendo fuego a la casa?

Al pensar en esto me pongo menos intransigente con mi madre. Por supuesto, ésa es la razón por la que tiene tantas ganas de verme casada. Teme por mí, y yo también. Supongo que por eso quiere que haga pruebas a tantos hombres como sea posible antes de decidir quién merece el papel protagonista. Cree sinceramente que el éxito en este campo es una cuestión numérica; que cuantos más hombres «pruebe» (en sentido metafórico, por descontado), más fácil será que encuentre a la persona adecuada, algo parecido a lo que ocurre en las rebajas de verano de Nordie's.

Ahora bien, yo siempre he sido de la opinión contraria, al menos hasta la fecha.

Siempre he preferido elegir una relación de la misma manera que selecciono un perfume caro: despacio y de uno en uno. A fin de hacer la mejor elección, me sumerjo en la fragancia con entusiasmo, sin reservas, de forma explícita y con la mente abierta. Trato de experimentar un aroma por completo antes de pasar al siguiente. De lo contrario, la ingente cantidad de competidores no hace más que abrumarme y confundirme.

Con los hombres sucede lo mismo. Si alguna vez voy a encontrar al hombre de mis sueños, tendré que hacerlo concentrada, por exclusión y sin prisas. Puede que hacerlo de esta manera lleve un poco más de tiempo pero los resultados suelen ser mucho más satisfactorios, al menos en el caso de los perfumes.

Claro que éste es el problema. Jake Fletcher ha sacado puntuaciones bajas en todos los criterios maritales de peso (fidelidad, honestidad, integridad) y, sin embargo, igual que una imitación barata del White Linen de Estée Lauder, sigue teniendo algo tentador. Supongo que ésta es la definición de «química».

Siempre di por sentado que la ridícula obsesión de Jake con la mujer perfecta se desvanecería con el paso del tiempo. ¡Vaya si me equivoqué! Resulta curioso observar lo evidentes que pueden llegar a ser las banderas rojas y las señales de peligro cuando las miras desde el otro lado de un corazón roto.

Una vez tuve un cachorro al que no le gustaba salir a la calle sin la seguridad de la correa. Si se me caía sin querer, dejaba de andar y aguardaba pacientemente a que la recogiera. La cuestión es que el poderoso instinto de *Max* le decía que la correa no representaba una pérdida de su apreciada libertad. Al contrario, la veía como un vínculo firme con la persona a quien más amaba.

Siempre esperé que Jake Fletcher fuese al menos tan perspicaz como un golden retriever capado.

Abby dice que el motivo por el que tantos hombres temen ser vulnerables en el amor es que tienen bastante menos capacidad de recuperación que las mujeres. Cuando una relación toca a su fin, las mujeres tienden a manifestar sus emociones llorando, hablando y recurriendo a terapias. Los hombres, en cambio, suelen sufrir en silencio y no levantan cabeza tan deprisa como las mujeres. El género masculino necesita bastante más tiempo para recuperarse de un corazón roto y, aunque sólo sea por este motivo, simplemente no pueden permitirse correr demasiados riesgos en el amor.

Pues bien, yo tampoco.

Temblando de frío, cierro la ventanilla del coche y enciendo la radio. Al instante aparece Gloria Gaynor cantando a grito pelado *I Will Survive* y me digo que no es mera coincidencia. Subo el volumen y añado mi voz al estribillo con entusiasmo. A cada estrofa noto que mi determinación se refuerza. Jake Fletcher ya me ha visto bastante el pelo.

Sin darme cuenta he enfilado la 35 hasta Eatontown, donde está el centro comercial de Monmouth. Cada vez que no sé exactamente adónde ir, mi coche se dirige al centro comercial por puro hábito. Aprovecho la oportunidad y entro por el acceso que da a Lord and Taylor. No tengo ni idea de qué voy a comprar; lo único que sé es que aún no estoy lista para regresar a mi solitaria habitación de encima del bar para enfrentarme con mis equivocaciones. Necesito un poco de tiempo para pensar y según parece donde mejor lo hago es en los grandes almacenes.

Siguiendo la costumbre, aparco el coche justo debajo de una farola para mayor seguridad, tal como mi precavido padre me enseñó en su momento. Tratando de suplir la chaqueta, cruzo los brazos sobre el pecho para protegerme del frío vespertino y aprieto el paso hasta que entro. Rodeada de ropa de firma y deslumbrantes escaparates, estoy segura de que se me ocurrirá algo que comprar. Las luces brillantes, las fragancias celestiales y los colores suaves me levantan el ánimo casi tan alto como los precios y me doy cuenta de que, una vez más, he caído en la trampa de la seductora terapia de la compra al por menor.

Me infunde seguridad pensar en mi futuro aquí, con tantas mercancías nuevas a mi disposición para distraerme de la pena. Veamos, sólo tengo que resolver dos cuestiones; cómo conseguir estabilidad económica por mi cuenta y cómo encontrar una pareja digna de pasar conmigo el resto de mi vida. ¿Tan difícil es? Muchas personas lo han conseguido, de modo que me consta que es posible. Sólo tengo que entender cómo se hace.

La cuestión económica tiene todos los visos de ser la parte más fácil de la ecuación. La música siempre fue mi primer amor, mucho antes que Jake, y si realmente me aplicara, seguro que daría con una obra creativa y sincera que sintonizaría con la gente y alcanzaría la cima de las listas de éxitos. Al fin y al cabo, mi antigua profesora de música solía decir que si querías escribir canciones tenías que dejar que te partieran el corazón, cuantas más veces mejor. Decía que los mejores compositores no son forzosamente los que tienen un diploma de Julliard, sino los que tienen más experiencia de la vida.

En cuanto a lo de encontrar una pareja digna, debo admitir una ignorancia supina. Todo indica que sé muy poco sobre lo que hace que una relación funcione aunque sí conozco a alguien que es un as en este campo.

Cuando Abby era soltera, nunca pasó por estos calvarios. Sabía exactamente cómo quería que fuese su marido y se limitó a relajarse y pasarlo bien hasta que por fin se presentó. Incluso cuando Mike (su marido médico) comenzó a perseguirla, ella se las hizo pasar canutas sólo para ver de qué pie calzaba. Hasta se negó a mantener relaciones sexuales con él hasta que le juró amor eterno.

Tampoco es que quepa acusar a Abby de ser mojigata en cuestiones de sexo. En su época alocada vivió una apasionada aventura con un otorrinolaringólogo. Una vez fue a su consulta porque tenía una inflamación de garganta. Él la examinó, le recetó unos antibióticos y acto seguido ambos se pusieron a jugar a médicos en serio. Al día siguiente, él le envió una factura y, al otro, Abby le envió a su vez otra factura detallada por los servicios que ella le había prestado.

Eso sucedió más o menos cuando se le ocurrió lo que luego llamamos «el concepto del molde». Como buena enfermera consciente de los riesgos sanitarios, a Abby no le gustaba jugársela con las enfermedades de transmisión sexual a la hora de tener relaciones, ni tampoco era dada a perder tiempo y energía con hombres que no la satisfacían. Pensó que sería buena idea que a los hombres se les exigiera hacer un molde de su mejor erección. Entonces, igual que el Príncipe Encantador con el zapato de cristal de Cenicienta, el hombre tendría que ir a tu casa y presentar su molde. Entonces y sólo entonces decidirías si querías salir con él o no.

A diferencia de Abby, yo no soy nada racional ni franca cuando se trata de amor. Como un recluta novato en una guerra atómica, mis opiniones y defensas nunca bastan para protegerme. Siempre acabo incinerada en el hongo nuclear de las emociones explosivas.

Cuando se trata de relaciones, me siento como un soldado cansado de batallar en una guerra interminable que simplemente no comprendo. En el ejército al menos pasas por el campamento de instrucción de reclutas, pero ¿quién te prepara para presentar batalla en el campo de las relaciones? Tus padres, ni más ni menos. Ahí queda eso.

Probablemente debería olvidar sin más todo lo que he aprendido sobre la elección de un cónyuge. Salta a la vista que no me ha servido de mucho y, que yo sepa, no existe ninguna universidad en la que te puedas matricular para licenciarte en caza de maridos.

Y entonces se me enciende la bombilla.

Ya sé lo que voy a comprar: una planta y una mascota.

8

—¿Los peces cuentan como mascotas? —pregunto a Abby por teléfono.

—Depende. ¿De qué clase lo has comprado?

—Es uno de esos machos luchadores. Creo que se llaman betas.

Abby reflexiona un momento.

—¿Depende de ti para sobrevivir?

—Pues sí. Supongo que sí.

—Entonces cuenta. ¿Qué nombre le has puesto?

Titubeo.

—*Pez* —digo con un hilo de voz.

—*¿Pez?*

—No quiero encariñarme demasiado, ¿entiendes? ¿Qué pasa si se muere o algo por el estilo?

Abby suspira sonoramente.

—¿Y te preguntas por qué tienes dificultades para relacionarte con personas?

—¿Qué significa eso?

—Significa que quizá deberías empezar a plantearte si no eres tú la que tiene problemas para comprometerse.

—¡¿Yo?! —digo jadeando. Esto es ridículo—. Hola, soy la que dejaron plantada en el altar, ¿recuerdas?

—Jamás lo olvidaré —contesta Abby—. Oye, lo único que digo es que quizá deberías analizar con más detenimiento tu parte en todo esto. O sea, aclarar por qué tienes este historial tan largo de elegir hombres con los que te es imposible casarte.

—Oh, vamos. Nombra a uno —le digo enojada—. Aparte de Jake, quiero decir.

—Mickey Hines —suelta Abby sin dudarlo un instante—. Los matrimonios con reclusos no son exactamente el distintivo de una relación sana.

Como puede verse, éste es el problema de las amigas de toda la vida. Saben demasiado y no permitirán que vivas en ese estado de negación tan deliciosamente farisaico por más enconadamente que intentes aferrarte a él. Además, cuando salía con Mickey era imposible que supiera que un día se convertiría en un delincuente profesional.

Pero Abby lleva razón. Supongo que el amor no correspondido ha constituido una especie de pauta de conducta en mi vida. Cabe seguir la pista de sus raíces hasta el primer grado de la escuela primaria de las Maestras Pías de la Dolorosa. Allí es donde me enamoré perdidamente de los adorables hoyuelos del payaso de la clase, que no era otro que Mickey Hines. Sentía una debilidad absoluta por la chispa de su ingenio y su descarado desdén frente a la autoridad. Mientras que yo veía el colegio como una sentencia a doce años de cárcel sin posibilidad de libertad condicional, Mickey Hines lo veía como un gigantesco club de la comedia donde tenía que perfeccionar su número. Era divertido, tremendamente desenvuelto y ligeramente irreverente. No es de extrañar que cayera rendida a sus encantos. Era como si reconociera una parte perdida de mi ser en su simplista y despreocupada manera de abordar las cosas. Me encantaba todo sobre él, en particular que osara ser cómico en un lugar llamado escuela de las Maestras Pías de la Dolorosa. Hacían falta agallas.

Resumiendo, Mickey Hines era todo lo que yo no era, y eso me resultó irresistiblemente seductor. Seguí siendo su más grande admiradora incluso después de que mi familia se mudara a la costa. A partir de entonces sólo lo veía en las fotos de los periódicos cada vez que el equipo de la escuela secundaria de las Maestras Pías de la Dolorosa ganaba un partido importante de baloncesto. En una ocasión me tropecé con él en el paseo marítimo justo después de terminar el instituto. En aquel entonces Mike era un muchacho alto, musculoso y bronceado, aunque conservaba su inconfundible sonrisa, los hoyuelos de pícaro y la agudeza de ingenio. Lo habría reconocido en cualquier parte.

Sin pensarlo, grité su nombre y eché a correr hacia él radiante de felicidad.

—¡Mickey Hines! —exclamé efusivamente—. ¡Cuánto me alegro de verte!

Pero Mickey se limitó a quedarse allí plantado, con cara de no tener ni idea de quién era yo, buscando algún indicio de familiaridad. Pasado un instante, preguntó cómo me llamaba y entonces tuvo la cortesía de fingir que me recordaba.

Finalmente, salimos unas cuantas veces pero Mickey, aunque siempre era de lo más divertido, también se mostraba misterioso y esquivo. Completamente cautivada por su pícaro magnetismo (por no mencionar su desternillante sentido del humor innato), pronto dejé de sentir interés por el resto de los mortales. Sin embargo, nunca acabé de desprenderme de la sensación de que Mickey Hines estaba viendo a un montón de chicas aparte de mí. Después de un mes o dos de salidas románticas y clandestinas (citas bien entrada la noche en el paseo marítimo, revolcones debajo de la barca de los socorristas y desayunos al amanecer en el Burger King), de repente dejó de llamarme. Ni siquiera su madre o sus amigos íntimos sabían dónde encontrarle. Fue como si hubiese desaparecido de la faz de la tierra y nunca fuésemos a saber más de él.

Este breve episodio me envió al purgatorio de las mujeres rechazadas donde yo y probablemente el resto de sus novias nos preguntaríamos durante toda la eternidad qué habíamos hecho exactamente para ahuyentarlo.

Esta experiencia tan dolorosa dejó una huella que poco menos que estableció el tono de todas mis relaciones de adulta con hombres. A pesar de ello, o quizá debido a ello, a veces aún pierdo la cabeza por un hombre que sea capaz de hacerme reír. Por lo general las chicas aprenden pronto a apartar la mano de una llama abrasadora. Yo sigo lanzándome de cabeza y confiando que el fuego no me quemará esta vez. ¿Lo ves? Así es como empieza todo: las chicas buenas siempre se enamoran de los chicos malos. Mentiría si dijera que me sorprendí cuando al cabo de unos años me enteré de que Mickey Hines estaba cumpliendo sentencia por atraco a mano armada en la prisión estatal de Rahway, donde apuesto a que sigue partiendo corazones. En lo que a mí respecta, Mickey Hines siempre fue un ladrón; robaba corazones por mera diversión.

—¿Estás bien, Jeri? —oigo que me pregunta Abby a través del teléfono.

—¿Eh? Sí, de fábula —contesta mi piloto automático—. Dime otro nombre. Adelante. ¿A que no puedes? —la desafío—. Voy a demostrarte que no hay pauta de conducta que valga.

Vuelve a la carga.

—Dave Tinsley.

—¡No puedes poner a un difunto como ejemplo!

—Sí que puedo. No te enamoraste de él hasta después de que muriera —insiste—. Cuando era seguro. Ése es mi argumento. ¿Entiendes de qué hablo cuando hablo de relaciones imposibles?

—¡No es verdad!

Pero me consta que sí lo es.

Durante el tercer curso de escuela secundaria, Dave Tinsley fue un buen amigo, un chaval divertido y una buena persona en todos los sentidos, lo cual probablemente explica por qué nunca acababa de entusiasmarme. Al menos en un sentido romántico. Sólo después de que fuera a dar con sus huesos a la unidad de cuidados intensivos como consecuencia de un accidente de coche mortal me di cuenta de lo mucho que en realidad lo amaba. Pero entonces, naturalmente, ya era demasiado tarde para hacer nada al respecto. Pasé los tres últimos días de la vida de Dave Tinsley junto a su cama, estrechándole la mano y preguntándome si oiría el incesante flujo de expresiones de cariño que le susurraba. Me llevó la mayor parte del cuarto curso superar mi dolor y volver a salir con muchachos.

—¿No lo ves, Jeri? —pregunta Abby con añoranza—. Sólo te atraen hombres inalcanzables porque eres tú quien tiene miedo de casarse.

Visto así cobra demasiado sentido y me tomo un instante para pensar un argumento lógico.

—Me habría casado con Jake —susurro después de tragar saliva.

—Me consta que lo habrías hecho —dice Abby en voz baja con su empática voz de enfermera—. Pero ¿no estás un poco harta de que te pisoteen como un felpudo? ¿No sería estupendo estar con alguien que no te engañe cada vez que te das la vuelta?

Paso por alto esa pregunta retórica.

—Esta noche he quedado con ese contable —informo, alcanzando un Kleenex.

—¿En serio? —Abby se muestra eufórica—. ¿Te refieres al tipo que elegí para ti la otra noche? ¿Ben no sé qué, si no recuerdo mal?

—Sí, el mismo.

—¡Esto es fantástico!

—Sí, fenomenal.

—No pareces muy entusiasmada.

—No lo estoy.

Se produce una breve pausa.

—Bien —dice Abby—, eso está muy bien. Al menos no empiezas con un montón de expectativas poco realistas.

—Hoy me he topado con Jake —suelto impulsivamente—. Iba en el coche de delante morreándose con una rubia.

—Será gilipollas... —espeta Abby rabiosa. Tampoco es que esperase una respuesta compasiva.

Se hace un incómodo silencio y comprendo que Abby ya ha tenido bastante culebrón de Jake y Jeri por hoy. No es que la culpe. Me figuro que sólo será cuestión de tiempo que Abby se niegue en redondo a volver a hablar sobre Jake conmigo, y eso es lo que más miedo me da. Si soy capaz de agotar la paciencia de alguien como

Abby Russo, tengo un problema mucho más grave que un anillo anular sin alianza.

—Voy a decirte algo que seguramente te molestará —dice Abby tal como me imagino que advierte a un paciente que va a arrancarle el esparadrapo de una parte del cuerpo particularmente velluda—. Pero es necesario que lo oigas, ¿de acuerdo?

Asiento con la cabeza como si pudiera verme.

—La primera vez eres víctima, la siguiente, voluntaria. —Aguarda un instante para que procese el significado—. ¿Lo entiendes, Jeri?

—Claro. Si pienso en Jake más de la cuenta, la gilipollas soy yo.

—Exacto —confirma Abby—. Así que esta noche sal con ese tal Ben Walker y pásalo bien —me ordena.

De pronto me siento como un crío que vi una vez, que no quería subirse al tiovivo del centro comercial. No paraba de lloriquear y quejarse mientras su severa madre lo montaba a un engalanado caballo morado y le abrochaba el cinturón de seguridad.

—¡Deja de llorar! —le mandó—. ¡Hemos venido a pasarlo bien!

Una hora después estoy comiendo sin prisas una hamburguesa grasienta y patatas fritas con vinagre en el único puesto del paseo marítimo que sigue abierto al público. Aunque la comida es insípida y está un poco pasada no tengo problema en vaciar el plato, que se note que soy una buena chica católica. Probablemente estén agotando los restos de existencias antes del cierre invernal, me digo.

Devuelvo la bandeja al mostrador y me llevo el vaso

gigante de plástico de Coca-Cola Light a un banco desde el que puedo contemplar cómo se va replegando la costa con vistas al invierno inminente. Reparo en que ahora el tráfico es a todas luces más sensato y disciplinado, casi me atrevería a decir civilizado, habida cuenta de que estamos en Nueva Jersey. Dejo pasar el rato tomando sorbos de refresco y observando a los operarios que cierran con tablas las casas de alquiler para protegerlas de la fría y húmeda arremetida de la temporada de huracanes. Me fijo en que ya han retirado los parquímetros del paseo, convirtiéndolo de nuevo en una zona de aparcamiento gratuita. Las señales de dirección prohibida también han desaparecido, de modo que vuelve a ser legal circular en ambos sentidos por cualquier calle.

Un camión de plataforma del Ayuntamiento avanza lentamente por Ocean Avenue con las luces de emergencia encendidas. Transporta un montón altísimo de sillas de socorrista, motos acuáticas, botes a remo y una reducida cuadrilla de socorristas con las raíces del pelo oscuras y el bronceado descolorido. El camión se detiene al llegar a mi altura y una docena de socorristas desmontan de la parte trasera y cruzan el entarimado del paseo con paso lento pero decidido. Van con el torso desnudo y descalzos, todos igualmente gallitos, y yo he trabajado codo con codo y he servido cerveza a casi todos ellos a lo largo de los años. Todavía tienen el pelo un tanto aclarado por el sol debido a las largas jornadas que han pasado junto al equipo que ahora llevan a hibernar a un almacén municipal. La mayoría me saludan con un ademán o una inclinación de cabeza cuando pasan en fila por delante de mí camino de la playa. Las palabras están de más. Yo sé lo que están haciendo y a ellos no les interesa particularmente lo que yo esté haciendo aquí.

Los miro distraídamente mientras trabajan distraídamente y de pronto me doy cuenta de que alguien se ha sentado a mi lado en el banco.

—¿Quieres una reluciente moneda de diez centavos, chiquilla? —pregunta una voz masculina.

Me doy media vuelta rápidamente y me encuentro mirando una gabardina arrugada de cuyo cuello sale un espeso pelaje marrón coronado por una enorme cabeza de perro.

—Oh, hola Billy —murmuro.

—Hola, chavala. Soy McGruff, el perro que lucha contra el crimen —gruñe mi hermano desde el interior del incómodo disfraz—. ¿Has visto alguna boca de incendios por aquí? Tengo la vejiga a punto de reventar. —Se quita la gigantesca cabeza de perro del disfraz y la deja en su regazo. Cruza sus peludas piernas caninas con toda naturalidad y me escruta el semblante—. Veamos, ¿qué es lo que va mal, Jer? Te veo fatal, hermanita.

El sol del otoño es suave y centellea en el agua mientras medito la respuesta.

—¿Crees que tengo dificultades para comprometerme? —pregunto sinceramente.

—Qué va. Sólo mal gusto.

—Te refieres a mi gusto para con los hombres, supongo.

—Recibido.

—Hablo en serio, Billy. ¿Piensas que tal vez elijo adrede hombres imposibles porque en realidad soy yo la que no quiere casarse? Es lo que piensa Abby.

Cruza dos desmesuradas patas peludas encima de la cabeza de perro que tiene en el regazo.

—¿Quién soy yo para discutir con nuestra querida Abby? —dice con mucha labia.

Paso por alto esa respuesta fácil y me vienen a la mente todos los libros de autoayuda que he tenido desparramados por la cama últimamente. Sabes que tienes un problema grave cuando por la mañana te despiertas rodeada por un montón de libros gordos con fotos de psicólogos famosos sonriéndote.

—¿Qué hizo que te casaras con Patty? —pregunto con atrevimiento a mi hermano.

Billy se ríe.

—No lo sé —dice—. La quería, supongo. ¿Qué otra razón puede haber?

—Sí, ya, pero ¿qué te hizo cerrar el trato? —insisto—. ¿Qué te hizo decidir que Patty era tu compañera ideal? ¿No tenías miedo de que apareciera la mujer perfecta justo después de la ceremonia?

—Vamos, Jeri —dice sonriendo—. No es fácil ponerse serio cuando vas disfrazado de perro.

—Inténtalo.

—De acuerdo —suspira. Dirige la mirada al océano sereno y tibio y observa cómo rompen unas cuantas olas antes de hablar—. Supongo que sabía que iba a casarme con mi versión particular de la mujer perfecta, ¿sabes? Quiero decir que me encantaba que Patty hubiera sido marine. Me encantaba que fuese guapa por fuera y dura como un clavo por dentro. Me hacía sentir bien saber que me daría una patada en el culo si alguna vez me pasaba de la raya. Y, por encima de todo, creo que me encantaba saber que no le faltaría valor si alguna vez me ocurría algo malo, ya sabes, como un agujero de bala en la cabeza o algo por el estilo. Resistiría cualquier clase de presión. De eso estoy seguro. Y sería capaz de cuidar de nuestros futuros hijos me pasara lo que me pase. Supongo que así es como se perpetúa la raza humana. Sé lo dura que puede ser Patty cuando tiene que serlo, y eso me vuelve loco. Hace que no me preocupe por tener un trabajo peligroso ya que me consta que mi familia siempre saldrá adelante con alguien como ella al mando.

Guardo silencio, anonadada.

—Además, la amo con todo mi corazón —añade con reverencia.

—Caray. —Dejo escapar un suspiro—. Todos estos años he supuesto que tenía que ver con su talla de sujetador.

—Eso también pesó lo suyo. —Billy sonríe pícaramente—. Oye, tengo que irme, Jer. Me toca hacer una presentación en la escuela elemental dentro de diez minutos. Me esperan para que enseñe a esos granujas qué es un buen poli.

Dicho esto, se mete la cabeza de perro debajo del brazo, levanta la pierna a un lado del banco y hace como si fuese un perro orinando.

Pongo los ojos en blanco y aparto la vista.

—Eh, ya lo sacarás en claro, Jer —dice en serio—. Siempre lo haces.

—Sí, claro.

Entonces se me acerca y apoya sus ridículas patas postizas en mis hombros. A pesar del estrafalario disfraz de McGruff, su mirada es pura sinceridad.

—¿Recuerdas aquella vez que los críos del barrio jugábamos al escondite y yo todavía no sabía contar hasta cien?

—Sí.

—Y tú los convenciste para que me dejaran decir tres Ave Marías y tres Padrenuestros en lugar de contar, ¿te acuerdas? ¿Lo ves? Siempre se te ocurrían soluciones creativas... y en tu situación actual harás lo mismo. No tienes miedo al compromiso, Jer. Lo único que pasa es que aspiras a demasiado poco.

Observo a mi hermano bajar como si tal cosa del entarimado del paseo hacia el coche patrulla aparcado, ajeno a las miradas que suscita. Lanza la cabeza gigante de perro al asiento del pasajero y me dedica dos breves aullidos de sirena antes de arrancar.

Qué suerte tienen esos niños, me digo.

Permanezco sentada un rato más disfrutando de la soledad, el sol y el silencio. Pienso que no he sido del todo gilipollas estos años. Al menos he tenido los medios para ir juntando unos ahorrillos que podría usar como entrada para un pequeño apartamento de propiedad. Es sólo que eso hace que todo parezca demasiado definitivo, mi soltería y todo lo demás. Al menos viviendo en Woody's estoy rodeada de gente, ruido y distracciones todo el tiempo. Claro que podría convertirme en propietaria de una vivienda, me figuro. Sólo que confiaba en que las cosas no irían así.

En cuanto regreso a mi habitación me fijo en el paquete azul lavanda envuelto para regalo que me dieron mis padres y aún no he abierto. Lo cojo de encima de la cómoda y toqueteo las rebuscadas cintas y el ostentoso papel del envoltorio antes de rasgarlo de un modo que a todas luces no haría feliz a mi madre. Me maravillan las personas que, como mi madre, son capaces de llegar a tales extremos en algo que va a ser desgarrado, arrugado y arrojado a la basura. Lo que es yo, no sé cómo envolver decentemente un regalo ni abrigo el menor deseo de aprender. A mi entender, las bolsas para regalo son una de las aportaciones más importantes de mi generación.

Abro la caja y hurgo entre las capas de papel de seda color lavanda hasta que mis dedos tropiezan con dos objetos sólidos. Saco del fondo un par de copas de champaña de cristal Waterford y luego leo la tarjeta que llevan pegada.

Feliz cumpleaños, Jeri.
Aquí tienes otro detalle que añadir a tu baúl del ajuar.
Te quieren,

Papá y Mamá

Mi baúl del ajuar. Y dale, otra referencia de pasada a esa estúpida bobada sentimental que ha mantenido vivo mi sueño nupcial durante todos estos años. ¿Dónde se ha visto que una camarera cuarentona que vive en una habitación de hotel siga coleccionando artículos para el hogar por si acaso encuentra un marido que le ponga casa algún día? Por favor, que alguien me dé un bofetón que me devuelva a la realidad.

Abro la tapa de ratán e inspecciono los objetos cuidadosamente envueltos que contiene: la vajilla Lennox, la tetera de loza, el mantel de puntilla irlandesa de la abuela Devlin, la cubertería de la abuela Murphy guardada en una caja forrada de terciopelo... Todo son regalos de cumpleaños o graduación que señalan los hitos de mi vida. Cautelosamente, devuelvo las bonitas copas de champaña a su envoltorio original y las deposito con delicadeza junto al traje de cristianar que han utilizado cinco generaciones de mi familia.

Antaño, rebuscar entre estas cosas me llenaba de placer y de fantasías románticas sobre mi familia futura. Ahora, en cambio, experimento algo bastante diferente. Esta vez noto que el contenido del baúl me mira fijamente, burlándose del rostro maduro que sigue contemplando esperanzado los sueños de juventud. Avergonzada, cierro la tapa de golpe y me siento encima sin dilación, como para sofocar su risa. Desde que cumplí oficialmente los cuarenta, tengo la sensación de haber cruzado una línea invisible que separa a las solteras optimistas de las solteronas resignadas. Está claro que en la actualidad estoy en el lado perdedor de esta línea.

Cuando me vuelvo, *Pez* me está mirando desde su pecera, que está encima de la mesa.

—Puedes estar contento de ser pez —le digo—. Lo único que tienes que hacer es pelear a muerte por las hembras y el territorio. Pan comido.

Pez suelta una minúscula burbuja por su boca ovalada y continúa mirándome.

—Todo el mundo debería tener pareja —le informo—. Probablemente, hasta tú —bromeo.

Vierto un poco de comida en mi mano y la desmenuzo encima del agua. *Pez* la mira de mala gana y no hace el menor movimiento para zampársela. De repente soy consciente de que está empezando a surgir un sorprendente vínculo entre nosotros. Fastidia depender de las migas que te echa otro, ¿verdad? Te compadezco.

Miro sus ojos prominentes de pez y juro que reconozco la expresión vacía y desconfiada que veo. He visto esa mirada muchas veces con anterioridad en mi propio espejo.

Una hora después estoy en el pasillo de anfibios de PetCo, contemplando la docena larga de cajas de plástico que albergan el nuevo cargamento de peces beta que acaba de llegar. Un batallador sujeto morado me llama la atención y saco su contenedor del estante para verlo más de cerca. Lo levanto hacia la luz y nada frenéticamente en círculos haciendo que todos sus relucientes tonos morados brillen intensamente bajo la bombilla fluorescente.

Se me ocurre pensar que si tuviera ganas de salir a cenar con Ben Walker esta noche ya estaría en casa depilándome las piernas e inventándome una nueva «creación» en lugar de estar comprando peces.

—Puedo cobrarle en la caja central, señorita —dice una voz a mis espaldas, y me vuelvo para encontrarme con un ansioso dependiente. El hombre es barrigón y calvo y en cierto modo parece un besugo con esa cara abotargada, el cuerpo hinchado y los labios carnosos y húmedos.

—Aún no me he decidido —contesto—. Busco un compañero para el que ya tengo en casa.

El dependiente sonríe mostrando sus dientes postizos y unas profundas patas de gallo.

—Tiene que tenerlos en peceras separadas, ¿sabe? —advierte, encogiendo la barriga y subiéndose los pantalones hasta las caderas—. De lo contrario se matarán el uno al otro.

—Sí, ya lo sé. Como los hombres y las mujeres, sin ir más lejos.

—Je, je. —El empleado ríe entre dientes, amablemente—. No, en serio, asegúrese de poner alguna clase de tapa encima para que no puedan saltar de la pecera. Les encanta pelearse. Incluso a través del cristal.

—¿De veras? ¿Puede saltar fuera?

—Ya lo creo. Yo les he visto hacerlo —me asegura.

—En ese caso quizá debería ponerlos de modo que no se vean, ¿no?

El dependiente ríe y acto seguido le da un ataque de tos de fumador. Ahora parece un besugo con enfisema, me digo.

—No. —Se atraganta, se frota los ojos llorosos y trata de controlar su respiración espasmódica—. No los separe. Luchar forma parte de su naturaleza. Pone un poco de pasión en sus vidas, ¿sabe? Todo el mundo necesita un poco de pasión, ¿no es cierto?

Oh, por favor.

Definitivamente no me gusta nada el modo en que me está mirando este sujeto, de modo que decido llevarme el pez morado y dejar de dar conversación al empleado. Pago sin más demora un dólar y noventa y nueve centavos por el pez y seis dólares por una pecera más grande para él, y acto seguido salgo disparada de la tienda. Durante todo el camino hasta casa no dejo de pensar en la pasión y en si volveré a sentirla por algo que no sea mi música. ¿Es esto lo que debo desear? ¿Acaso voy a convertirme en una de esas ancianas excéntricas que coleccionan hordas de mascotas y luego organizan toda una vida social en torno a los cuidados que necesitan?

En cuanto llego a mi habitación meto a *Pez Segundo* (que es como se llama ahora) en su pecera junto a la de *Pez Primero* encima de la mesa y observo cómo la emprenden a través del cristal que los separa. Los peces beta, según parece, se excitan con el comportamiento agresivo y entre ambos se enciende una rivalidad instantánea. Ninguno de los dos se había mostrado tan vivo como ahora. Eso me lleva a preguntarme si dos miembros de cualquier especie son capaces de llevarse bien.

Entonces suena el teléfono y sé quién está llamando antes de contestar.

—Hola, soy Ben. ¿Sigue en pie la cena de esta noche?

—Sí, claro.

Me esfuerzo, pero mi entusiasmo no da para más. Por suerte, Ben no parece percatarse.

—¿Te va bien quedar a las siete?

—Sí, estupendo. A las siete me va bien.

—De acuerdo, pues. Pasaré a recogerte a las siete. No sabes las ganas que tengo de verte.

—Sí, yo también —miento.

Estudio mi rostro en el espejo barato de K-Mart que tengo colgado detrás de la puerta y constato que sería vano negar la fatiga y la tristeza de mi expresión. Paso los dedos suavemente por las incipientes arrugas y las sutiles bolsas que han ido apareciendo últimamente.

—Necesito un *lifting* o una buena sesión de sexo —digo a los peces.

9

Justo a las siete en punto, alguien llama a la puerta de mi habitación. La manera de llamar a tu puerta dice mucho acerca de un hombre. La llamada de Ben no es exactamente tímida pero desde luego no es enérgica, confiada ni exigente. Es un educado toc-toc-toc. De lo más civilizado. Sólo eso. Una llamada de contable. Una llamada de la zona con el prefijo 609. Una llamada de primera cita.

Un pelín incómoda, aguardo diez segundos antes de abrir la puerta. Al fin y al cabo, tampoco es que pudiera encontrarme en el ala oeste ni nada por el estilo. Ahora me toca a mí ser juzgada. Ben se queda plantado en el pasillo, sonriendo. No da por hecho que está invitado a entrar así por las buenas, y eso me gusta. Va vestido con unos Dockers recién planchados y una camisa blanca almidonada con el cuello desabrochado. Igual que yo, ha optado por no presumir de marcas. Yo llevo una blusa azul escotada y pantalones caqui de cintura alta con cremallera en el costado para realzar la figura. Esta noche ambos hemos apostado a lo seguro y tanto él como yo encajaremos perfectamente en cualquier restaurante de la costa.

—¿Hay hambre? —pregunta Ben.

—Estoy desfallecida.

No es verdad. He almorzado una hamburguesa grasienta y patatas fritas con vinagre en el paseo marítimo, ¿recuerdas? Además, vuelvo a tener el estómago un poco revuelto.

Ben echa un vistazo a mi descuidada habitación desde el umbral y yo evito invitarlo a pasar a propósito. Este tipo de cosas siempre me hace sentir vulnerable. Al fin y al cabo, ¿qué hay que ver? ¿Unas prendas de ropa interior colgadas de la barra de la ducha? ¿Una pila de novelas rosas en rústica al lado de la cama? No quiero que se compadezca de mí ni nada por el estilo.

Mi chaqueta de piel marrón habría resultado perfecta para el modelo de hoy, pero tuve que tirarla a la basura después de que mi padre la chamuscara con una bombilla la otra noche. En su lugar, me echo un suéter de color camello a los hombros y cojo las llaves.

—Vale. Lista —anuncio con alegría impostada.

Entonces es cuando Ben Walker me sorprende. Entra en la habitación y cierra la puerta a sus espaldas.

—Hay algo que considero que deberías saber antes de que salgamos —dice en voz baja.

—¿Qué?

Me está asustando. Automáticamente, paso lista a las cosas que podrían ser. En realidad no está divorciado y su esposa lo está siguiendo. Conduce un coche robado. Es homosexual. Está arruinado. Está en libertad condicional. ¿Qué?

—Tu ex novio, Jake, está abajo, en el bar —dice—. Está sentado al lado de la puerta. Por mí no hay problema, pero no me gustaría que te pillara desprevenida.

Trago saliva.

—¿Co... cómo sabes que...?

—Siempre hago mis averiguaciones —sonríe—. Además, no es tan difícil. Belmar es un pueblo pequeño.

Y esto me lo dice uno del sur.

—No..., no sé qué decir —tartamudeo—. La verdad es que no me apetece toparme con él, pero...

—¿Hay otra salida aparte de la puerta principal?

—No, en principio no. O sea, aparte de esa traicionera salida de incendios que Woody llama entrada privada.

—Perfecto —dice Ben—. Iremos por ahí.

—No, no. No lo comprendes. Esa cosa es una ratonera. Está vieja y podrida y... y... y es muy, muy empinada.

Ben Walker suelta una risa encantadora que hace que las mejillas se le ruboricen un poco y que los ojos castaños le brillen.

—No tengas miedo —dice—. Yo te protejo.

Dicho esto, cierro la puerta a mis espaldas y conduzco a Ben hasta la puerta de salida del final del pasillo. Sostiene la puerta para que pase y luego se coloca delante de mí.

—Deja que yo baje primero —propone—. Así, si tropiezas o lo que sea, podré sujetarte.

Esto es música celestial para mis oídos. Figúrate. Un hombre que se ofrece en serio a sostenerme si me caigo. ¿Quién iba a decir que un contable pudiera ser tan encantador?

Ben se agarra a la barandilla y mira hacia el aparcamiento desde una altura de tres pisos.

—¿Lista? —pregunta.

De repente, me da un mareo.

—No estoy muy segura de esto, Ben —digo, titubeante—. No merece la pena que arriesguemos la vida de esta manera.

Ben mira al frente y baja un escalón.

—Tú apóyate en mis hombros y así no perderás el equilibrio —me ordena con calma—. No pasa nada.

Hago lo que me dice. La escuela católica me preparó bien para situaciones como ésta, me digo.

—Oye, ¿qué es eso? —pregunta, intentando distraerme de mi pánico señalando el terrado alquitranado que sobresale a nuestro lado. Está lleno de sillas de playa, toallas y botellas de cerveza vacías.

—Es Playa Alquitrán —contesto con aire despreocupado—. Es donde va a tomar el sol la gente que no puede conseguir un pase de playa.

—¿Qué tal lo llevas? —dice, sin dejar de bajar—. ¿Vas bien?

La desvencijada escalera se balancea considerablemente con la súbita racha de viento que sopla desde el océano.

—Sí, estoy bien —contesto de modo poco convincente.

La verdad es que estoy muerta de miedo. De hecho, tengo la impresión de que voy a hacerme pis encima, y éste es mi último recuerdo lúcido antes que todo se convierta en una locura.

Recuerdo a Ben perdiendo el equilibrio y dando volteretas a cámara lenta escaleras abajo. Recuerdo oír a alguien gritar y darme cuenta de que soy yo. No sé cómo, me las arreglo para aferrarme a la barandilla como un gato presa del pánico atrapado en lo alto de un árbol sin ramas. Observo horrorizada la aparatosa caída de Ben hasta que se da de bruces contra el suelo al pie de la escalera, donde yace inmóvil con los brazos y las piernas en posturas nada naturales.

De inmediato se junta una multitud y ya no puedo

ver a Ben. Soy vagamente consciente de los gritos de la gente y de un ulular de sirenas a lo lejos. Miro atontada e impotente desde mi posición privilegiada, con los dedos todavía clavados en la barandilla.

Alguien pronuncia mi nombre desde la ventana de arriba.

—¿Jeri? No pasa nada. No tengas miedo. Voy a ayudarte.

Lo siguiente que recuerdo es a Cabeza de Embudo sentado a mi vera, hablando en voz baja y tranquilizadora.

—Estás muy guapa esta noche, Jer.

—Gracias.

—O sea, siempre estás guapa, pero esta noche estás especialmente guapa.

—Cabeza de Embudo.

—Dime.

—Quiero volver a pisar tierra firme. ¿Vas a ayudarme? Estoy muerta de miedo.

—No es para tanto, Jer —dice con suma confianza—. Yo subo estas escaleras borracho perdido al menos una vez por semana.

Por alguna razón, esto me resulta de lo más tranquilizador. Si Cabeza de Embudo puede hacerlo estando borracho, sin duda yo podré hacerlo estando sobria, digo yo.

—¿Cómo está Ben? —pregunto—. ¿Crees que sigue con vida?

—¿Quién es Ben?

—Mi cita. El tipo que está inconsciente al pie de la escalera.

Cabeza de Embudo se concede un minuto para captar la información.

—En ese caso, quizá quieras plantearte tantear el terreno —sugiere.

Voy en la ambulancia con Ben. Me figuro que es lo menos que puedo hacer por un hombre que prácticamente se ha matado para evitar que me sintiera incómoda delante de mi ex novio. Ben no dice gran cosa durante el trayecto. Claro que no resulta fácil hablar cuando llevas un tubo de plástico en la nariz y una mascarilla de oxígeno sobre la cara.

Una vez en urgencias, se llevan a Ben a toda prisa para hacerle radiografías, escáneres y Dios sabe qué más. A mí me conducen a un cubículo donde me examinan, me dan un calmante y me envían a casa. Me informan de que Ben tiene fractura de tibia y peroné. También tiene conmoción cerebral, un pulmón perforado y la mandíbula rota. Aparte de eso, está bien. Ni siquiera lo llevarán a la unidad de cuidados intensivos. Al parecer, en esta era de mutuas de salud en la que nos ha tocado vivir, hay que hacer más méritos para conseguir una cama en la UCI.

Cuando por fin instalan a Ben en una habitación ya son casi las once y no parece que esté de humor para alternar.

—¿Quieres que llame a alguien? —pregunto en voz baja.

—A mi abogado —dice articulando para que le lea los labios, y la máscara de oxígeno se empaña por el esfuerzo.

Tomo un taxi para regresar a Woody's. Afortunadamente, el taxista no es de los inquisitivos, cosa que me viene muy bien. No tengo muchas ganas de hablar después de la noche que he pasado. Seis semanas atrás esta localidad era un circo de tres pistas. Ahora parece un pueblo fantasma. Resulta sorprendente lo que puede llegar a ocurrir con sólo pasar una página del calendario. Circulamos en silencio por las calles oscuras y desiertas de Belmar en otoño y el único signo de vida son las luces intermitentes de la marquesina del Woody's Bar and Hotel.

El conductor frena en el camino de entrada y, por una vez, reina tanta paz que oigo los guijarros aplastados bajo los neumáticos. Doy al taxista un billete de diez dólares y le digo que se quede el cambio, cosa que sospecho habría hecho de todos modos.

Veo que aún quedan unos cuantos rezagados en el bar, pero lo más probable es que a estas horas estén demasiado borrachos como para fijarse en mí, así que no me ametrallarán a preguntas sobre los acontecimientos de esta noche. Decido entrar discretamente por la puerta delantera y subir a mi habitación cuando, por alguna razón, me llama la atención la visión de un Lexus negro que me suena y que está estacionado en la otra punta del aparcamiento. No cabe duda, Jake está en el bar.

Maldita sea.

¿Qué está haciendo aquí? ¿No tiene a ninguna rubia que besar o algún corazón que romper o una camarera de Hooters a quien llamar? No estoy de humor para tratar con él. Estoy cansada y magullada y nada en forma para tratar con un tipo como Jake Fletcher. Esto es típico de él, pienso, siempre aparece a husmear cuando me siento débil y vulnerable. Detesto admitirlo, pero todavía no me fío de mí, no sé cómo reaccionaré si lo veo. Si me queda una pizca de sentido común, saldré de este aparcamiento y me meteré donde sea hasta que el bar se vacíe y resulte seguro volver al refugio de mi pequeña habitación.

Ahora bien, ¿adónde puedo ir a estas horas? El calendario dice que estamos en otoño, pero en lo que a establecimientos abiertos se refiere es como si ya fuera pleno invierno. Hay un WaWa abierto toda la noche al otro lado de la calle, pero ¿cuánto tiempo puedes pasar tomando café y hojeando revistas de peluquería? Además, me duelen los pies y quiero sentarme.

Sólo sé de otro sitio en el pueblo que abre toda la noche y tiene donde sentarse. Subo al coche haciendo el menor ruido posible para no atraer ninguna atención indebida hacia mi persona y sostengo la puerta medio abierta en lugar de asegurarla como Dios manda con un golpe audible. Ni siquiera enciendo los faros hasta después de salir del aparcamiento y para cuando llego a destino a varias manzanas de distancia, estoy prácticamente vencida por la necesidad de dormir.

En la lavandería no hay un alma, excepción hecha, claro está, de la arpía, que está echando una cabezadita sentada en su taburete del rincón. No me oye entrar y, agradecida, tomo asiento cerca de los restos de calor de las secadoras.

Un pequeño televisor en blanco y negro colgado de la pared emite un episodio antiguo de *The Forensic Files*. Éste ya lo he visto con mi madre. Va sobre un tipo de Luisiana que toma como rehén a una camarera a punta de pistola en la habitación de un hotelucho. La policía ha rodeado el edificio y está negociando con el secuestrador por teléfono. El criminal por fin se aviene a entregarse, pero sólo si satisfacen una estrambótica exigencia: quiere que un sacerdote los case, y luego la soltará.

Entiendo exactamente cómo se siente ese tipo. Por una vez en su vida, lo único que quiere es ser como todos los demás. Ya se imagina que todo ha terminado para él haga lo que haga, pero con tal de sentirse una persona casada «normal» durante un minuto está dispuesto a enfrentarse a las consecuencias que vengan. Es desolador.

Tras hurgar silenciosamente en mi bolso para no molestar a la arpía, saco un trozo de papel arrugado y un bolígrafo Bic. Estoy de humor para escribir música. Y letra. Mis defensas están bajas y no hay nadie más con quien identificarse aparte de la multitud de solitarios con el corazón roto que creen que son los únicos que están despiertos y pasándolo mal a estas horas.

Lo siguiente que recuerdo es que la página está toda borrosa y me sorprende constatar que estoy llorando en silencio. Vaya. Apoyo la cabeza en las manos y cierro los ojos con fuerza como para tapar las cegadoras luces fluorescentes del techo.

De pronto me invade una extraña sensación de serenidad y juraría que noto una mano en la rodilla. Separo un poco los dedos para mirar y, en efecto, ¡hay una mano en mi rodilla! Una mano regordeta, encallecida y mugrienta. Miro fijamente las uñas rotas tratando de determinar el sexo de su propietario. No lo consigo. Paso de los dedos a la palma, al brazo, al rostro y entonces suelto un grito ahogado.

—No pasa nada —dice con voz tranquilizadora la arpía de la lavandería luciendo una tierna sonrisa desdentada—. Todo irá bien, cariño.

10

A primeros de noviembre Ben Walker puede volver a salir, eso sí, con muletas. Abby dice que probablemente se recuperará por completo, al menos físicamente. Lo he estado viendo desde hace un tiempo y las cosas van..., bueno, bien. No se trata de nada serio, por descontado, pero poco a poco le he ido tomando cariño y comienzo a sentirme a gusto en su compañía.

Actualmente cubro casi todos los turnos del bar. El negocio es una mierda, como diría Woody, y no abrimos tantas horas como en verano. Si necesito un poco de tiempo libre para hacer recados o lo que sea, Cabeza de Embudo me sustituye. Parece que trata de beber menos últimamente y de hecho es capaz de servir bebidas a otras personas sin ponerse una para él.

Estoy subiendo del sótano con una caja de cervezas en los brazos cuando veo una silueta conocida que se arrima a la barra. Jake Fletcher está tan guapo como siempre, aunque puede que esté un poco más gordo que este último verano. Eso nos pasa a todos los de por aquí. La apatía que inducen los cielos grises, las temperaturas que caen en picado y la inactividad de la temporada baja podría hacer ganar fácilmente cuatro kilos a una anoréxica. Somos como una manada de osos en hibernación. Casi todos nos ponemos encima una capa de grasa para pasar el invierno que luego perdemos en cuanto sale el sol y se levantan las redes de voleibol.

Te estarás preguntando por qué me enrollo con el invierno, el peso y la hibernación. Pues porque estoy procurando no pensar en sentimientos heridos, ojos verdes y orgasmos, por eso.

Jake me mira fijamente y no se me ocurre qué decir. Un millón de pensamientos me pasan por la cabeza pero ninguno alcanza mis labios. Me apresuro a atrincherarme detrás de la barra.

—¿Heineken? —termino diciendo.

—Por favor.

Me agacho, cojo una Heineken y la deslizo a través de la barra con el mínimo contacto humano posible. Jake echa un buen trago y finjo no darme cuenta de que no me quita ojo.

—¿Sigues interesada en comprarte un piso? —pregunta en voz baja.

—¿Yo? —Echo un vistazo alrededor buscando a Woody, a Abby o incluso a Cabeza de Embudo para contar con su apoyo moral pero ninguno de ellos está a la vista—. Sí, claro —digo con displicencia—. Siempre y cuando tengas algo con vistas al océano por menos de veinte mil.

—Tengo uno en obras. Es perfecto para ti. Y es una ganga.

—¿De veras? —digo. ¿Dónde están las interrupciones y las distracciones cuando de verdad las necesitas? Me gustaría saberlo.

—Quería darte la primera oportunidad —prosigue Jake—. Supongo que te debo al menos eso.

Un resoplido involuntario surge de mis fosas nasales.

—¿Quieres verlo? Podría llevarte ahora mismo. Está en Asbury.

No estoy segura de si estoy hablando con Jake Fletcher, mi ex novio, o con Jake Fletcher, el mejor vendedor de Century 21, cuyo rostro me ha estado acosando desde todos los bancos de parque y vallas publicitarias desde mi cuadragésimo cumpleaños.

Media hora después estoy en Asbury Park, de pie junto al hombre con quien una vez quise casarme mientras él saca caballerosamente la llave. Acto seguido abre la puerta de un piso vacío y recién restaurado que está justo enfrente del famoso paseo marítimo entarimado. Echo un vistazo a las habitaciones vacías e intento imaginar cómo sería vivir aquí.

Sola.

—¿Estás bien, Jeri? —pregunta, estudiándome detenidamente.

Juraría que oigo a Marilyn McCoo cantando *Wedding Bell Blues* de fondo, pero Jake no parece darse cuenta de ello.

—Sí, muy bien —miento—. Sólo un poco nerviosa por la perspectiva de hacer una inversión tan grande.

—Da vértigo, ¿eh? —Sonríe.

La habitación vacía está llena de esas cálidas manchas de luz pálida que proyecta el sol justo antes de bailar la danza del cisne en el cielo de poniente. Esto es lo que Jake llama «la hora dorada», cuando el sol está bajo en el cielo invernal, lanzando apagados tonos malva y azafrán a través de cuanto se cruza en su camino.

—¿No es una sala de estar de narices? —pregunta, a propósito de nada.

Observo cortésmente las molduras, la capa reciente

de pintura de un balsámico color beis y los suelos de madera noble, fingiendo en todo momento que sé muy bien lo que me hago.

—Sí, de narices la define muy bien —convengo afablemente.

Un instante de silencio flota entre nosotros como un delicado rastro de perfume exquisito, y un millón de recuerdos lujuriosos, tiernos y conmovedores comienzan a despertar en su estela. Hago un zoom sobre los labios de delfín contento de Jake y tengo la absoluta certeza de que si no salgo pitando del piso este hombre va a darme un beso aquí mismo y ahora mismo.

—Ya... ya he visto bastante, Jake —afirmo—. No creo que éste sea el lugar ideal para mí.

—Pero si ni siquiera has visto aún el dormitorio principal. Échale sólo un vistazo —suplica, conduciéndome por un pasillo de color teja hasta una habitación con balcón y vistas al océano.

—¿No es una vista fantástica? —pregunta, como si fuese la primera vez que la ve.

Un millón de recuerdos sentimentales pululan a mi alrededor como un enjambre de abejas, mientras es obvio que alrededor de la cabeza de Jake bailan visiones de cheques de comisión.

—De verdad que tengo que irme, Jake. No lo digo por decir.

—Sí, de acuerdo —conviene—. Está bien. Vayámonos.

Mientras sostiene abierta la puerta del Lexus para que yo suba pregunta:

—¿Y bien? ¿Qué te ha parecido? ¿Te gusta?

—Sí, es bonito.

Se instala al volante, en el asiento de piel de color crema.

—¿Qué cantidad crees que podrías aportar para la entrada? —pregunta, poniendo el motor en marcha.

—Mira, Jake, no estoy dispuesta a...

Y ahora es cuando me besa. Sus labios de delfín contento aterrizan en los míos y me fastidia sobremanera que me guste tanto.

Después de eso circulamos en silencio durante un buen rato y yo doy por hecho que vamos de regreso al Woody's, puesto que, técnicamente, sigo estando de servicio. Cuando quiero darme cuenta, nos estamos acercando al parque estatal de Sandy Hook, nuestro antiguo rincón favorito para revolcones. Oh, no. ¿Por qué estoy permitiendo que suceda esto? Te diré por qué. Porque estoy sola. Porque estoy caliente. Porque estoy atrapada en un torbellino de pura lujuria y lo único que deseo ahora mismo es dejarme llevar por él.

Aparcamos en el extremo norte del parque, desde donde se divisa la silueta de Manhattan al otro lado del agua. Bajamos del coche y contemplamos cómo el ocaso pinta «la ciudad» de un oscuro tono morado.

—¿Frío? —pregunta Jake, quitándose su chaqueta Ralph Lauren verde oliva y poniéndomela sobre los hombros.

—Un poco.

—Ven, apóyate en el coche —propone—. El capó aún está caliente del motor.

No sé exactamente cómo sucede, pero de un modo u otro acabo tumbada toda despatarrada encima del capó calentito del coche de Jake, mirando con arrobo infantil las estrellas brillantes que salpican la cortina aterciopelada del cielo. La radio del coche sigue encendida y las ondas traen por el aire un anuncio de la emisora WJLK. Ahora Jake se apoya encima de mí, mirando hacia abajo con una expresión sorprendentemente embelesada en su impreciso rostro de facciones duras.

—Te estás perdiendo la vista —susurro, esforzándome por mantener la compostura.

—No, ni mucho menos —contesta sin moverse un ápice.

Me humedezco el dedo índice con saliva y lo meneo hacia abajo como si llevara la cuenta de los tantos.

—Buena respuesta —digo con aprobación, y sonrío estúpidamente aunque me esfuerzo por evitarlo.

El locutor de WJLK elige ese preciso instante para poner *Brown Eyed Girl* de Van Morrison, y me pregunto cuánta tentación es capaz de soportar una mujer que es célibe desde hace poco.

—Está sonando nuestra canción —dice, enroscando un mechón de mi pelo en un dedo—. Tú siempre serás mi chica de ojos castaños, ¿sabes?

Esto no es justo. Es imposible que una mujer pueda defenderse contra un momento así. Estoy ahí tendida mirando la curva del rostro de Jake que tan bien conozco y me pregunto si será posible demandar a un disc jockey por deseo sexual con agravantes. Justo entonces, los jugosos labios de Jake se posan en los míos y me encierro en un instante de extasiada saciedad.

Sus dedos se deslizan por debajo de mi camiseta y se infiltran por debajo de mi sujetador de Victoria's Secret. En un abrir y cerrar de ojos, mi pecho izquierdo está mirando a las estrellas mientras el dedo de Jake acaricia en círculos el pezón contraído. El capó del coche está caliente bajo mi espalda y mis nalgas y una brisa fresca sopla suavemente a través de mi vientre.

Contemplo sin aliento los dibujos aleatorios que forman las estrellas en el cielo nocturno. Intento hallar alguna clase de lógica o significado en ellos, pero sólo consigo confundirme. Tal vez haya cosas, como las constelaciones o la atracción sexual, que no estén hechas para ser comprendidas.

Lo único que sé es que este momento me quedará grabado en la memoria para siempre, incluso cuando sea una vieja solitaria en una residencia de ancianos. La gente se preguntará por qué esa solterona arrugada siempre sonríe a través de la dentadura postiza. Y yo nunca le hablaré a nadie de una fría noche de noviembre con el cielo despejado en la que mis pechos estaban desnudos e hice una cosa estúpida pero memorable con alguien a quien antes amaba.

—¿Puedo pedirte un favor, Jake? —murmuro.

—Lo que quieras.

—No me llames nunca más.

Cuando Jake me deja en el Woody's ya ha pasado la hora de cierre y el bar presenta un aspecto fúnebre. La luz roja de mi contestador automático parpadea frenéticamente cuando entro en mi habitación, y resulta que hay tres mensajes esperándome. Pulso el botón y los escucho mientras me lavo la cara y me preparo para acostarme.

—Jeri, soy tu madre. Estoy en el Centro Médico Monmouth. Patty ha tenido el bebé. Es una niña. Tres kilos doscientos gramos, ¿no es increíble? Todos están bien. Llámame por la mañana.

El contestador pita.

—Jeri, soy papá. Patty ha tenido el bebé. Es un niño. No, puede que sea una niña. No me acuerdo. Da igual, el bebé pesa doscientos kilos y tres gramos. ¿Te lo imaginas? Hasta pronto, cariño.

El contestador vuelve a pitar.

—Hola, Central, soy yo, el orgulloso padre de tu nueva sobrina. Todo ha ido de fábula. Llámame por la mañana. Me voy a la cama. He estado de parto durante varias horas y estoy hecho polvo.

Me siento bien mientras rebobino los mensajes aunque también hay un innegable dolor en las proximidades de mi estómago. Si una persona puede estar contenta y triste, llena y vacía a la vez, así es como me siento yo esta noche. Ahora seguro que me será imposible dormir.

Cojo mi llave maestra y bajo de puntillas por la escalera trasera a oscuras hasta la entrada del bar. Silenciosamente, abro la puerta de corredera de madera que separa el bar del hotel y luego la cierro con sumo cuidado a mis espaldas. Las señales rojas de salida brillan mortecinas encima de las puertas laterales y la principal, y un neón amarillo con forma de cerveza alumbra de manera inquietante la zona del escenario.

Entro dándome aires detrás de la barra y me sirvo una generosa copa de merlot. A Woody no le importa. No me habría dado la llave maestra si hubiese pensado que me iba a aprovechar. Dejo un billete de cinco dólares en la barra a modo de pago por el vino y luego me llevo la copa al escenario donde los instrumentos del último grupo están aguardando al acecho.

Me siento al teclado y poso la copa encima de una servilleta de papel olvidada. La sala de música del Instituto Monmouth donde solía hacer mis ejercicios de piano jamás tuvo este tipo de ambiente. El lugar respira tristeza y abandono, y yo también. Tomo un sorbo de vino y toco unas improvisadas notas al piano. Ésta debe de ser la clase de estado de ánimo que inspira a los compositores, pienso. Acaricio unas cuantas teclas más y bebo otro poco de merlot. Parece como si las puntas de mis dedos anduvieran desgranando una interesante y evocadora melodía. Aquí, en la fantasmagórica desolación del Woody's Bar and Hotel, encuentro la canción que he estado buscando.

La primera vez que miraste hacia mí,
no sabía el precio que iba a pagar.

Aparto un mechón de pelo detrás de la oreja y tomo otro largo sorbo. Olvida la cadencia y el pentámetro yámbico y toda esa basura que te enseñaron en las clases de literatura inglesa, me digo. Esto es lo que se necesita para crear una estrofa coherente: una habitación oscura, una copa de merlot y un corazón roto. Dime en qué aula de instituto pueden enseñarte eso.

Te miré a los ojos y sonreí.
Debí haberte dado la espalda.

Está bastante bien, creo. Barry Manilow, muérete de envidia. No eres el único que ha pagado sus deudas. Ahora vas a ver quién escribe canciones.

El vino se desliza entre mis dientes alimentando mis dedos mientras éstos navegan por las teclas de marfil.

La primera vez que me dolió el corazón,
no sabía lo mucho que me iba a costar
olvidarte y volver a ser yo.
Debí haberte dado la espalda.

Saco la servilleta de papel de debajo de la copa y un bolígrafo de detrás de la oreja. Toco las notas una y otra vez, repitiendo y refinando tanto la melodía como la letra, y las anoto antes de que se me olviden. Mi memoria ya no es la que era.

No sé cuánto rato paso sentada ahí. Sólo sé que para cuando el sol arroja esos primeros baldes de pintura rosa al cielo invernal, estoy completamente agotada. A mi manera, acierto a comprender un poco el dolor de dar a luz algo que ha estado viviendo en lo más hondo de tu ser durante mucho tiempo. Arrugo la servilleta de papel y la tiro a la basura por encima de mi hombro sin volver la vista atrás.

Sin hacer ruido, cierro la puerta de corredera del bar y encierro mis dolorosos sentimientos ahí dentro. Basta de mirar hacia el pasado, me digo. Subo penosamente por la crujiente escalera trasera y paso con sigilo ante unas cuantas señales de salida iluminadas antes de llegar a mi habitación.

El tenue sol invernal ha derramado un charco de triste calidez sobre mi cama sin deshacer. Exhausta, me dejo caer encima de la colcha y apoyo los pies en la tapa de lo que ahora llamo mi baúl para sepultar en el olvido. ¿Para qué lo conservo? Me gustaría saberlo. ¿Por qué sigo fiel a todos los objetos sentimentales que contiene? Tal vez ha llegado el momento de deshacerse de estos ridículos sueños de niña. Nunca seré la novia de nadie. Y, entérate, puede que no quiera serlo.

Se supone que un baúl del ajuar debe llenarte de expectativas y optimismo ante el marido y los hijos que algún día tendrás. Éste, no obstante, se ha convertido en poco más que en el relicario de todas las madres y esposas conformistas que me han precedido. Ahora bien, ¿qué puedes hacer con las reliquias y recuerdos heredados de cinco generaciones de mujeres? No me parece correcto donarlo absolutamente todo al Ejército de Salvación o a las Hermanitas de los Pobres y, sin embargo, tampoco está bien permitir que me siga atormentando. ¿Para qué diablos quiero yo una colección de trajes de cristianar, porcelana buena y cristal Waterford? Para nada, y punto.

Por otro lado, tengo una sobrina recién nacida que aún tendrá que crecer en un mundo donde estas cosas se valoran y en el que se sigue enseñando a las niñas que el matrimonio y la maternidad son sus más altas prioridades. Además, estos objetos ahora también forman parte de su historia, tanto si ya lo sabe como si no. Quizás haya llegado la hora de regalarle el baúl del ajuar. Tal vez los matrimonios estables se salten una generación en nuestra familia. A lo mejor ella querrá estas cosas algún día. Al menos debería tener la opción de decidirlo por su cuenta.

Llamo a la centralita del Centro Médico Monmouth y aguardo a que me pongan con la planta de maternidad. Que yo sepa, las ex marines no suelen tener esta clase de cosas para regalárselas a sus hijas. Eso le corresponde a la tía soltera.

11

Estoy tumbada boca arriba en la camilla del ginecólogo con el trasero desnudo sobre una áspera sábana de papel y los pies descalzos apoyados en los fríos soportes de metal. Últimamente me he apoyado en más estribos que el mismísimo Butch Cassidy. Ésta es la segunda exploración pélvica a que me someten esta semana, por no mencionar las innumerables muestras de sangre que me han extraído. El problema es que no me ha venido la regla desde aquella memorable noche de septiembre en que me acosté con Jake poco antes de mi cuadragésimo cumpleaños. De eso hace más de diez semanas. Mierda.

—Muy bien, esto puede resultar un poco incómodo —advierte la doctora Linda Snyder mientras lubrica lo que parece un gigantesco pico de pato de plástico.

No lo dice en broma. Nunca me acostumbraré a esa cosa. Procuro reprimir un gesto de dolor cuando noto la súbita y profunda presión dentro del vientre. Casi todas las mujeres de mi edad han pasado por los dolores del parto y esto probablemente sea una nimiedad para ellas. Sobre todo para mi cuñada Patty. No me gustaría nada que la doctora Snyder pensara que soy una quejica o algo por el estilo, de modo que finjo no darme cuenta de que ahora estoy empalada por una pieza de maquinaria pesada.

—No pensará que estoy embarazada, ¿verdad? —pregunto, intentando apartar la mente del dolor físico transfiriéndolo al pánico emocional que he estado evitando.

—Es posible —opina la doctora Snyder distraídamente.

Levanta la vista al techo y luego me abre las entrañas como si estuviera comprobando el punto de cocción de un asado que lleva demasiado rato en el horno.

—Usted no se siente embarazada —dice pensativamente mientras va hurgando ahí dentro—, pero lo sabremos con certeza en cuestión de minutos, cuando nos den el resultado de los análisis de sangre.

—Pero usted no cree que lo esté, ¿cierto? —insisto.

—¿Tan terrible sería eso, Jeri? —pregunta con su evasivo tono profesional.

—¡Sí, sería terrible! —replico—. ¿Está de broma? Acabo de romper definitivamente con el... el...

—¿El padre? —sugiere amablemente la doctora Snyder mientras se quita los guantes de látex.

Me quedo muda. Simplemente no puedo aceptarlo.

—Oh, Dios —gimo un minuto entero más tarde mientras la doctora Snyder se lava las manos—. No puedo estar embarazada. ¡No he dejado de tener el periodo ni una sola vez en toda mi vida! ¿Eso no cuenta? Y ahora me veo sola, con cuarenta años y embarazada. Es justo lo que necesitaba. No podría irme peor.

Nos interrumpe el toc-toc-toc de unas uñas acrílicas en la puerta.

—Ya tenemos los análisis —anuncia la joven enfermera curvilínea de la doctora Snyder, pasando un pliego de papeles por la ranura.

Me incorporo para sentarme mientras la doctora Snyder echa un vistazo a las hojas del laboratorio. Estudio la expresión de su rostro como un perro de la brigada de estupefacientes esperando detectar un olor.

—Bien, definitivamente no está usted embarazada —concluye con indiferencia—. Aunque ahora veo por qué no está teniendo el periodo. Sus niveles de estradiol son notablemente bajos.

No tengo ni idea de lo que eso significa. Lo único que me importa es que no estoy embarazada.

—¿Eso es bueno? —pregunto despreocupada—. Lo de esos niveles de estraloquesea.

Imagino que probablemente será como con el colesterol o la tensión arterial o el resultado de un control de alcoholemia: cuanto más bajo, mejor.

—Eso depende de lo que sienta a propósito de la menopausia —dice la doctora Snyder pensativamente y, por un instante, no estoy segura de haberla entendido correctamente.

—¿Menopausia? ¿Ha dicho menopausia?

—Ajá —contesta, revisando aún las cifras del laboratorio—. Eso es lo que he dicho.

—Espe... espere un momento. ¿Está diciendo que me está llegando la menopausia? —Me doy cuenta de que esta palabra me resulta tan difícil de pronunciar como la palabra «padre» hace unos minutos.

—No, no es eso lo que estoy diciendo.

—Uf, menos mal. Qué alivio.

—Estoy diciendo que usted es lo que nosotros llamamos «posmenopáusica». Con los niveles de estrógeno tan bajos, lo más probable es que nunca vuelva a tener el periodo. Enhorabuena.

¿Enhorabuena? ¿Acaso eso es un comentario apropiado cuando acabas de informar a una mujer soltera y sin hijos de que sus reservas de óvulos se han agotado y que ahora está coqueteando con las canas, los huesos quebradizos y las manchas de vejez? A mí me parece que no.

Salgo del edificio de la consulta en un estado de profundo shock y luego circulo por Ocean Avenue en piloto automático hacia la casa de Abby. Tiene que haber un error, pienso. Me importa un bledo lo que diga la doctora Snyder, soy demasiado joven para tener la menopausia. Hasta mi madre está de acuerdo. Además, ¿por qué no he tenido los sofocos y los sudores nocturnos y los cambios de humor de los que todo el mundo se queja? Vale, de acuerdo, ¿por qué no he tenido los sofocos y los sudores nocturnos, al menos? Te lo voy a decir: porque esto no puede estar sucediendo. Bastante cuesta ya encontrar marido cuando eres guapa y fértil. ¿Qué oportunidades tienes cuando te vuelves fofa, arrugada y maniática?

Doblo a la izquierda en Norwood Avenue y aparco detrás del Beamer azul marino que hay en la entrada de vehículos de la casa de Abby. Abro la puerta del coche, pero, por alguna razón, no me decido a bajar. Todavía no, al menos. Entonces apoyo la cabeza en el volante y me dispongo a llorar; sin embargo, por extraño que parezca, las lágrimas no acuden. ¿Hasta ese punto me he secado, me pregunto?

Me armo de valor para salir del coche y camino lenta y pesadamente por el césped perfectamente segado hacia la lujosa mansión. Llamo con firmeza en la imponente puerta principal. Me consta que a Abby le gusta dormir hasta tarde los días que libra, pero esta situación puede calificarse de emergencia. De todos modos, ya han dado las doce y, con un poco de suerte, no será demasiado temprano para recibir visitas. Cuando por fin se abre la puerta, aparece Abby descalza y con los ojos hinchados, envuelta en un grueso albornoz blanco como esos que se ven en los balnearios de los hoteles caros.

—Jeri —dice jadeando—. ¿Estás bien?

—Perdona que me presente sin avisar —me disculpo, eludiendo adrede la pregunta—. Pensé que ya estarías levantada a estas horas.

—No pasa nada. Entra —me invita—. Estaba preparando un té.

Me fijo en que Abby no tiene buen aspecto, aunque no sabría decir qué me lleva a pensar eso. Además, estoy demasiado sumida en mi horrenda situación como para preocuparme por nadie más ahora mismo. La sigo hasta su moderna y soleada cocina y me dejo caer en una cómoda silla con cojín. Abby retira la tetera de sus inmaculados fogones y sirve el té en tazas de porcelana. Dispone la bandeja encima de la mesa entre nosotras y revuelve un poco de miel en su taza con una cucharilla de verdad. Ah, qué cambio tan agradable respecto a las sillas metálicas plegables y los cubiertos de plástico de mi habitación de hotel, pienso.

De repente, ya no puedo aguantar ni un segundo más sin revelar mis devastadoras noticias. No sé por dónde empezar, de modo que recurro al código para emergencias personales que Abby y yo hemos ido desarrollando a lo largo de toda una vida de calamidades compartidas.

—Solicitando permiso —digo, y, como era de esperar, eso hace que Abby pare en seco.

—¡Dios mío, Jeri! ¿Qué ocurre? —inquiere.

Durante nuestros melodramáticos y emotivos años de adolescencia, a Abby y a mí se nos ocurrió algo que dimos en llamar «el pacto suicida». El acuerdo consistía en que si una de nosotras alguna vez no hallaba otra salida mejor que el suicidio ante una situación de crisis determinada, tenía que solicitar permiso a la otra antes de hacer nada en ese sentido. Por descontado, dicho permiso nunca fue concedido, pero se convirtió en el modo de avisarnos mutuamente cuando estábamos profundamente heridas por algo.

—No voy a tener la regla nunca más —gimo, y por un momento no reconozco mi propia voz. Esta vez, no obstante, las lágrimas comienzan a manar libremente en presencia de un testigo compasivo.

—¿Y eso es un problema? —dice Abby, con algo menos de comprensión de la que esperaba.

—Pues sí. La doctora Snyder dice que soy menopáusica. No, espera. Deja que corrija eso. ¡Oh, Dios! ¡Soy posmenopáusica! Todos mis óvulos se han podrido. Lo único que me queda ahora es un puñado de viejas tuberías oxidadas.

Abby me toma entre sus brazos y me sorprende que se eche a llorar conmigo.

—Permiso denegado —solloza. Lloramos juntas un rato más y luego murmura—: Toda la culpa es de Jake.

—¿Qué? —gimoteo. Por más que quiera descalificarlo, no estoy segura de que tenga algo que ver con la caída de mis niveles de estrógeno.

—Fue el trauma de esa última ruptura con él —prosigue Abby—. No es la primera vez que veo algo así. Es como cuando a alguien se le vuelve blanco el pelo después de un susto de muerte. Es lo mismo. Una respuesta física a un golpe emocional.

—¿Tú crees?

—No es que lo crea, es que lo sé —solloza Abby—.

La madre naturaleza nos traiciona. Me saca de quicio cuando sucede.

Ésta es la primera vez que oigo a Abby hablar mal de su modelo de rol femenino predilecto y, sin saber muy bien por qué, ahora estoy más aterrorizada que nunca.

Seguimos un rato más llorando y consolándonos la una a la otra en la cocina absurdamente alegre de Abby. Por fin mis lágrimas comienzan a remitir un poco, pero veo que las de Abby siguen manando a raudales. Entonces es cuando caigo en la cuenta de que hay algo más que no me ha contado.

—Abby. ¿Qué ocurre? Lo digo en serio.

Inspira profundamente y retiene el aire. El suspense me está matando. El silencio se prolonga y ninguna de las dos está dispuesta a romperlo.

—Anoche me vino la regla —suelta Abby—. Estaba convencida de que esta vez me había quedado embarazada, Jeri. ¿Entiendes? Quiero decir que hasta... ¡hasta me sentía embarazada!

—Oh, Abby —murmuro en voz baja—. Lo siento mucho. —Cojo el cinturón del albornoz de su regazo y enjugo delicadamente las lágrimas de su cara abotargada. Seguramente ha pasado toda la noche llorando—. Lo siento mucho —repito a falta de algo más inteligente que decir.

Y lo siento de veras. Por ambas. Nadie sería mejor madre que Abby Russo, como nadie sería mejor compañera de por vida para un buen hombre que yo. La paradoja es casi demasiado dolorosa de contemplar. Aquí estamos, pienso, dos amigas de toda la vida sintiéndose absolutamente desdichadas a la vez. La una llora porque le ha venido la regla y la otra llora porque no le vendrá nunca más.

—Esta vez me doy por vencida, Jeri —anuncia Abby cansinamente—. De verdad. No puedo pasar un mal trago como éste cada mes. Es demasiado.

—No me sorprende —convengo con comprensión—. Yo también me rindo. La esperanza de dar con tu media naranja consume demasiado tiempo y energía, ¿sabes?

—Hablo en serio —lloriquea Abby, sacando un Kleenex hecho pedazos del bolsillo del albornoz. Se suena sonoramente la nariz—. Además —continúa, tragando saliva—, ¿qué sentido tiene? ¿Nunca te has parado a pensar que cuando renuncias a la única cosa que realmente deseas es cuando finalmente la consigues?

—No, normalmente he sido demasiado cabezota como para renunciar.

—Piénsalo —indica Abby, enderezándose en la silla—. ¿Cuántas veces has visto mujeres que renuncian a intentar tener un hijo y resuelven adoptarlo? Y luego, cuando les han aceptado la solicitud, han montado la habitación del niño y el bebé está en un avión volando hacia su nuevo hogar, *voilà*, descubren que están embarazadas. Pasa cada dos por tres.

No soporto ver esa minúscula chispa de esperanza que está empezando a emerger de nuevo a la superficie de sus ojos ante esta nueva y desesperada estrategia. Se está agarrando a un clavo ardiendo y no puedo fingir que no me doy cuenta. Nadie sabe tan bien como yo el daño espiritual que años de falsa esperanza pueden infligir a una persona, y no soportaría ver que eso le sucede a Abby.

—Oye, Abby, no empieces a alimentar tus esperanzas de nuevo. O sea, me figuro cómo debes de sentirte, pero...

—¿Cómo demonios vas a saber lo que siento? —interrumpe con una brusquedad impropia de ella.

Nos miramos en silencio a los ojos hasta que reúno el coraje necesario para intentarlo otra vez.

—Escucha, Abby —comienzo con voz entrecortada—, voy a decirte algo que seguramente te fastidiará, pero es necesario que lo oigas, ¿de acuerdo?

Vaya. *Déjà vu*, pienso. Estas palabras me suenan, aunque no sabría ubicarlas.

Abby se lleva un Kleenex nuevo a la nariz y me mira impresionada.

—Sigue —dice cansinamente.

—Lo que estoy intentando decir es que no tienes que dar a luz para ser madre. O sea, mientras haya un solo niño en este planeta, todos somos padres en un sentido de tipo cósmico, ¿sabes? —Abby me mira como si oliera a podrido—. Lo que quiero decir es que todos tenemos la responsabilidad de velar por el bienestar de los niños, ¿entiendes? Lo único que estás echando de menos es la custodia legal, eso es todo.

No tengo la más remota idea sobre cuál es el origen de esta pequeña perla de sabiduría y no estoy segura de a cuál de las dos pone más nerviosa, si a Abby o a mí.

—Pero quiero uno que sea mío —dice Abby haciendo un mohín, y sus empañados ojos azules vuelven a anegarse en lágrimas.

Las lágrimas le manan desde un rincón vacío de lo más hondo de su ser que reconozco de inmediato. Yo también he llorado desde esa misma entraña del alma. Me quedo de una pieza al constatar que, por una vez, soy yo quien está recibiendo la desesperación de otra persona. Cobro plena conciencia de que en cierto modo hemos invertido nuestros papeles habituales y que ahora me toca a mí ser la voz de la razón, decir algo inteligente, tranquilizador y profundo. Me tomo esta responsabilidad muy en serio.

Buscando en mi fuero interno doy con unas palabras que me parecen increíblemente apropiadas.

—No hay escasez de niños en el mundo, Abby —suelto, apoyando mi frente contra la suya y mirándola directamente a los ojos enrojecidos—, sólo escasez de personas que los amen y cuiden de ellos.

—Sí, pero...

—Chis. Nada de «peros» —insisto con severidad—. Sabes que tengo razón. Hay un montón de oportunidades para cuidar niños. Lo demás está motivado exclusivamente por el ego.

Guardo silencio y observo las lágrimas de búfalo que salen en silenciosa estampida de los párpados cerrados de Abby y los sollozos contenidos que le convulsionan el cuerpo. Permanezco estoicamente callada para que sepa que puede llorar tanto como le sea preciso y que yo trataré de absorber la mayor parte de su dolor.

—¿Sabes lo que detesto? —dice Abby finalmente, levantando el rostro hinchado para encontrar mi compasiva mirada.

—No, dime —contesto alentadora.

—Detesto que tengas razón.

Vuelvo a abrazarla.

—Yo también —digo.

12

Unas semanas después estoy sentada detrás de la barra, intentando averiguar por qué hay gente que pasa el rato en un lugar tan aburrido y deprimente como éste durante las vacaciones de Navidad. Supongo que la soledad es una epidemia más extendida que la gripe en esta época del año y que cualquier cosa es mejor que quedarte solo en casa.

Me gustaría tener noticias de Ben esta noche. Todavía no puede conducir debido a ciertas complicaciones surgidas de las heridas que sufrió en nuestra primera cita. De hecho, aún tendrá que esperar por lo menos una semana hasta que le quiten los alambres de la mandíbula, de modo que por fin podamos darnos nuestro primer beso. Aunque no me importa. Hemos mantenido conversaciones telefónicas fantásticas, sobre todo desde que finalmente aprendí a traducir los sonidos que emite un hombre con la mandíbula cerrada con alambres. Y conste que no es tarea fácil.

Fuera nieva copiosamente y el suelo del bar está húmedo y embarrado por las botas que lo han pisoteado esta noche. Woody ha contratado a un grupo completamente desconocido que está entrando en calor entre bastidores. Durante la temporada baja, Woody sólo contrata a los menos conocidos y por tanto más baratos. Las más de las veces tocan a cambio de la bebida, y me reconforta ver que no soy la única que va por la vida dejándose guiar por el instinto.

Aparte de ellos, apenas hay una alma esta noche en el bar. Excepción hecha de un par de desconocidos (o «intrusos», como solemos llamarlos), el local lo ocupan unos cuantos clientes habituales. Cabeza de Embudo, sorprendentemente sobrio y falto de energía, guarda silencio en su taburete, contemplando cómo cae la nieve mientras toma sorbos del té caliente que le acabo de preparar. Woody está encaramado a su percha habitual, en la punta de la barra, bebiendo vodka a palo seco y estudiando el formulario de apuestas de los caballos que compiten en Florida.

—A partir de ahora voy a empezar a apostar por las posibilidades más remotas —murmura sin dirigirse a nadie en concreto—. Qué demonios.

—¿Ah sí? —digo, sólo por darle conversación.

Woody levanta la vista, asombrado de que alguien le esté prestando atención.

—Sí. A no ser que tengas una corazonada —insinúa con cautela.

—¿Yo? —Río—. Con el historial que tengo con los hombres, para qué hablar de elegir caballos —bromeo.

—No es tan distinto —rezonga Woody, trazando un círculo alrededor de un nombre en la parte inferior del formulario—. Eliges a un tío igual que eliges un caballo. Normalmente pones tu dinero en uno que no llega y el debilucho con el que te daba miedo contar a veces puede darte una sorpresa.

—Sabias palabras —interrumpe alguien, y ambos levantamos la vista y vemos a Abby fisgando por encima del hombro de Woody.

—Aquí está mi chica —dice Woody, iluminándose como el árbol de Navidad del año pasado con unas cuantas bombillas fundidas—. ¿Cuál te gusta Abby? ¿Eh? Elígeme un ganador, nena.

Abby no lo duda ni un instante.

—*Absolut Abby*, por supuesto —indica, señalando el centro de la hoja, y Woody obedientemente traza un brillante círculo rojo alrededor del nombre.

—Lo que tú digas, guapa —dice arrastrando las palabras mientras Abby se instala en el taburete contiguo.

—¡Te tomo la palabra, viejo bribón! —dice Abby, y Woody sonríe radiante bajo el foco del afecto que percibe en ella.

—Ponle un Absolut a mi chica para que nos traiga suerte —me pide Woody—. Si este caballo llega, vosotras dos y yo lo vamos a celebrar por todo lo alto, ¿de acuerdo?

Miro indecisa a Abby, porque no sé si servirle una bebida falsa como de costumbre o si debo ponerle la auténtica esta vez. Si hablaba en serio cuando dijo que renunciaba a quedarse embarazada, quizá lo suyo sería que metiera una pajita en la botella de vodka y se la diera así, sin más. Hace una eternidad que sus papilas gustativas no saborean alcohol.

Abby advierte la indecisión de mi semblante y sonríe pícaramente.

—¿Esperas que acredite mi edad con un documento o qué? ¿Qué tiene que hacer una persona para que le sirvan una copa auténtica en este antro?

Sirvo un lingotazo de Absolut y se lo planto delante

dando un golpe en la barra para indicar que invita la casa. Me alivia ver que Abby vuelve a parecerse a la que era antes. Lleva el pelo suelto y sus ojos han perdido la mirada vacía que presentaban estas últimas semanas.

—Dime una cosa, ¿dónde está ese maldito marido tuyo, Abby? —inquiere Woody, doblando el formulario de apuestas y dejándolo sobre la barra—. Me da que en realidad no tienes ninguno, eso es lo que pienso. Nadie ha visto nunca a ese tipo.

—Es médico —le recuerda Abby—. Está siempre trabajando.

—¿Ah sí? ¿Y no bebe? —quiere saber Woody.

Esto me dice que ha cruzado la línea que separa al borracho apacible del beodo detestable. Su humor no tardará mucho en pasar a ser pura agresividad. Woody tiene un montón de años de práctica para disimular los habituales signos reveladores de una copa de más, pero cuando empieza a hurgar en la vida privada de Abby ha llegado el momento de comenzar a aguar sus copas de Stohles.

—Mike no necesita beber —contesta Abby con impostada altanería, levantando la nariz—. Tiene bastante conmigo.

—¿Ah sí? ¿Y juega, por lo menos? —insiste Woody.

—Por supuesto que no. No se lo permitiría —dice Abby con petulancia.

—Bueno, pues espero que sepa follar, porque ¿qué otra cosa queda? —brama Woody.

Vaya, fantástico. Si el blanco del humor subido de tono de Woody no fuese Abby, yo ya estaría de los nervios a estas alturas. Por suerte, se necesita bastante más que un comentario etílico por parte de un buen amigo para ofender a Abby Russo.

—Dame esa copa —ordena Abby, cogiendo de un zarpazo el vaso de Woody de encima de la barra y escondiéndolo detrás de la espalda—. Estás desfallecido, colega. ¿Cuánto hace que no comes nada?

—Quita. Deja de hacerte la enfermera —refunfuña Woody, regocijándose en cada segundo de la atención que le dedica Abby—. Devuélveme la copa, ¿quieres?

—No hasta que metas algo en tu estómago que absorba todo este alcohol —insiste ella.

—Vale, tú ganas —se aviene Woody—. Jeri, hazme un bocadillo, anda. Por favor.

—Enseguida —contesto distraídamente mientras cargo una bandeja con seis botellas de Budweiser—. Sólo deja que lleve estas bebidas a los tipos del grupo. Están a punto de empezar. Vuelvo en un periquete.

Paso por debajo de la barra y me dirijo al escenario.

—¿No puedes prepararte un bocadillo tú mismo? —oigo que censura Abby mientras me alejo—. No me extraña que tus mujeres te abandonen.

—Eh, que esta noche esto está muerto —arguye Woody—. Este negocio es una mierda. Además, Jeri no tiene nada mejor que hacer —señala.

—Muy bien —contraataca Abby—, pues ya puestos, ¿por qué no le metes una escoba por el culo y le pides que barra el suelo, viejo apestoso?

¿Lo ves? Por esto es por lo que la gente adora a Abby. Es la única capaz de poner a Woody en su sitio y a cambio conseguir que se enamore de ella. En lo que a la relación con los hombres se refiere, ojalá tuviera yo una mínima parte de su talento.

Cuando vuelvo a ocupar mi puesto detrás de la barra para preparar el bocadillo de Woody, Abby pide dos copas más; una para ella y otra para su camarera favorita.

Alzamos los vasos para brindar mientras Woody pierde el conocimiento con la cabeza apoyada en el formulario de apuestas.

—Por la renuncia —dice Abby en voz baja.

—Por la renuncia —repito yo.

—He cancelado el resto de mis tratamientos de fertilidad —agrega mirándome de hito en hito.

—He regalado mi baúl del ajuar y todo su contenido a mi nueva sobrina —digo sin alterarme, quedando así en tablas.

Sonreímos un momento con melancolía y acto seguido nos bebemos el licor de un trago.

Bien, el grupo de aspirantes comienza a tocar y no suena tan mal. Su primer número es una versión alegre de *Glory Days* de Bruce Springsteen y el siguiente un éxito de Bon Jovi titulado *You Give Love a Bad Name*. Salta a la vista que estos tipos acarician ese sueño tan contagioso del «chico de Jersey salta a la fama», cosa que es una lástima ya que en realidad nadie los está escuchando. Por lo que al público respecta, podrían estar ahí arriba tocando *A Hundred Bottles of Beer on the Wall*.

Por lo visto al grupo también le importa un bledo. Supongo que Abby y yo no somos las únicas que hemos descubierto la libertad que trae aparejada la renuncia. El primer guitarra, con pantalones y cazadora tejanos, baja del escenario y pide otra ronda de Budweiser para sus desalentados compañeros, quienes afinan sus instrumentos con desgana sin quitar el ojo de la puerta. Al menos tienen la dignidad de reconocer a un público que no sabe apreciar lo que se ofrece, pienso. Y entonces es cuando el teclista se pone a tocar al piano, como quien no quiere la cosa, unas notas que me resultan inquietantemente familiares. La chica de aspecto andrógino del grupo se sienta a su lado y comienza a cantar leyendo algo escrito en una servilleta de papel.

—¡Eh! ¡Esa canción es mía! —chillo desde detrás de la barra—. ¡La he escrito yo!

—¿En serio? —pregunta el teclista a través del micrófono—. ¿Quieres subir aquí y cantar con nosotros?

Digo yo que ha visto la oportunidad de contar con un poco más de participación por parte del público y que no va a dejarla escapar.

—¡Oh, Dios, no! —Río—. Adelante, a ver qué hacéis con ella —grito antes de considerar lo personal que es la letra.

Hay un intruso canijo sentado al final de la barra que con un ademán me pide otra bebida. Entretanto, escucha atentamente la letra y la melodía de la canción que escribí durante mi noche oscura del alma. Las mejillas se me encienden de vergüenza mientras le sirvo la copa procurando que nuestras miradas no se crucen.

—¿Tú escribiste esa canción? —pregunta cuando cojo el billete que ha dejado encima de la barra.

Me encojo de hombros.

—Sólo estaba jugando.

—Es bonita. Me gusta.

—Gracias.

—¿Eres compositora profesional?

—Qué va, soy una infeliz profesional —replico.

Se sube la manga del suéter de cachemir y mira la hora en un Rolex.

—¿Por casualidad estarías interesada en vender los derechos?

Lo miro boquiabierta sin comprender.

—Me está tomando el pelo, ¿verdad?

—Podría extenderte un cheque por, pongamos, tres mil dólares ahora mismo. ¿Qué me dices?

Cabeza de Embudo, que ha estado sentado en silencio, hipnotizado por la nieve casi toda la velada, de pronto se muestra interesado.

—¡No lo hagas, Jeri! —grita desde su puesto de observación junto a la ventana. Se baja del taburete y viene hacia nosotros con toda tranquilidad.

—¿Quién es este tipo? —quiere saber el intruso.

—Eso no importa, colega —dice Cabeza de Embudo entre dientes—. ¿Quién diablos eres tú?

Vaya, genial. Justo lo que me faltaba, me digo, una buena bronca en el bar. Lo gracioso del caso es que Cabeza de Embudo nunca se pelea cuando está borracho; sólo cuando está sobrio.

El intruso saca una cartera del bolsillo de atrás y nos enseña dos tarjetas de visita.

—Soy Skip Simon —se presenta, dándonos a cada uno una tarjeta de bonito diseño con membrete en relieve—. A lo mejor habéis oído hablar del grupo femenino de rock Alpha Chix. Soy su manager. Van a ser un bombazo.

Sin amedrentarse lo más mínimo, Cabeza de Embudo rebusca con torpeza en su raída billetera y saca una vieja tarjeta de visita hecha trizas que reza: «Angelo Bacolla, Soldado de Fortuna.»

—No sabía que éste fuese tu verdadero nombre —suelto antes de darme cuenta de que tendría que haberme mordido la lengua.

Cabeza de Embudo me fulmina con la mirada.

—Soy el manager de la señorita Devlin —anuncia con un aire de credibilidad bastante convincente. Aunque parezca mentira, su porte cambia por completo: la pose, el tono, la actitud.

—Encantado de conocerle. —El intruso tiende la

mano y Cabeza de Embudo se la estrecha con un garbo sorprendente—. Subo la oferta inicial a cinco mil dólares —propone Skip Simon como si se tomara en serio a Cabeza de Embudo—. Sé todo lo que hay que saber sobre comisiones de managers y demás entresijos del negocio —agrega guiñándome el ojo.

—No lo hagas, Jeri —me dice Cabeza de Embudo entre dientes al oído—. ¡Todos estos tipos son un atajo de ladrones! Confía en mí.

¿Que confíe en Cabeza de Embudo? ¿Me está tomando el pelo? O sea, confío en él detrás de la barra. Confío en él para que me baje sana y salva de escaleras de incendio destartaladas. Pero ¿confiarle el sueño de toda una vida? ¿Ante una oportunidad como ésta que sólo se presenta una vez? Eso sí que no.

Woody levanta la cabeza de la barra con el formulario de apuestas pegado a la mejilla hinchada y enrojecida.

—Nunca rechaces dinero —salmodia, y vuelve a caer dormido encima de la barra.

—Quizá deberías dar un voto de confianza a Cabeza de Embudo —susurra Abby a mis espaldas—. Lo cierto es que corre la voz de que fue un pez gordo del mundillo musical de Nueva York antes de empezar a beber y venirse abajo.

—Me tomas el pelo —digo, absolutamente pasmada—. ¿Estás segura?

—Nadie lo sabe a ciencia cierta, pero al parecer tuvo bastante éxito durante un tiempo —resume Abby en voz baja—. Míralo así; probablemente podrías permitirte pagarle. ¿Qué tienes que perder si...?

El resto de la frase de Abby queda ahogada por el gemido de la sirena de un coche patrulla que está justo enfrente del bar en Ocean Avenue. Las luces giratorias azules y rojas se encienden y apagan en los rostros de los parroquianos que miran por la ventana para ver lo que pasa. Me quedo de una pieza cuando veo que quien salta del coche es mi hermano Billy. Su aliento forma espesas nubes mientras sube la escalera de dos en dos e irrumpe en el bar.

—¡Jeri, tienes que venir conmigo enseguida! —grita.

El pánico me paraliza y soy incapaz de contestar con coherencia.

—¿Qué ha ocurrido, Billy? —inquiere Abby con su voz de enfermera.

—¡Es nuestro padre! —jadea Billy—. Está en el quirófano. ¡Ha hecho saltar por los aires el garaje de casa!

—¡Oh, Dios mío! —chilla Abby, cogiéndome la mano a través de la barra. Me quedo muda, preguntándome qué debo hacer a continuación—. ¿Y vuestra madre? —interroga Abby, estrechando su apretón—. ¿Está bien?

—Creo que sí. Estaba en el lavabo cuando ocurrió. Me parece que eso fue lo que la salvó. Ahora está en urgencias, pero todo indica que está fuera de peligro.

De repente oigo unas risotadas histéricas y me quedo estupefacta al darme cuenta de que son mías.

—Está en estado de shock —diagnostica Abby expertamente, mientras me toma el pulso.

No me preguntes por qué estoy riendo. No tengo una explicación digna. Lo único que puedo decir en mi defensa es que debo de padecer una sobrecarga emocional fruto de todo lo que ha sucedido. A mi cerebro le resulta imposible procesar todo el caos y conmoción que se está produciendo a mi alrededor ahora mismo. Piénsalo. Alguien me está ofreciendo varios miles de dólares que necesito como el beber por una canción que escribí por pura casualidad, Cabeza de Embudo de un modo u otro se ha convertido en mi agente o manager o algo por el estilo, mis dos progenitores están en el hospital y la casa donde me crié acaba de volar por los aires. ¿Qué más despropósitos cabe esperar?

—Me llevo a Jeri al hospital —dice Billy, levantando con destreza el panel disimulado de la barra y tirando de mí.

—Buena idea —coincide Abby—. Yo iré a casa de vuestros padres a montar guardia.

—Los camiones de bomberos aún están allí —grita Billy por encima del hombro mientras me conduce a la puerta—. Ten cuidado, ¿eh?

Es curioso cómo todo parece ocurrir a cámara lenta en cuanto la adrenalina entra a chorros en las venas. Incluso la nieve, que es casi de ventisca, se diría que se toma su tiempo antes de caer hasta el suelo. Parece que gire ociosamente en espirales a través del cielo nocturno mientras Billy me lleva a tientas hasta el coche patrulla y me abrocha el cinturón de seguridad.

El asiento trasero del coche de policía huele a orines y sudor, y puede que incluso a vómito, y me parece que prefiero no saber quién ha estado aquí dentro antes que yo. Hay un rifle cargado encima del salpicadero y me veo rodeada por toda suerte de aparatos y ruidos extraños. Un ordenador parpadea en el salpicadero y por la pantalla van pasando mensajes como los de un noticiario de la CNN. No tengo ni idea de dónde está mi hermano ni de por qué tarda tanto en subir al coche. Sólo sé que mi percepción está muy distorsionada ahora mismo y que lo más importante es que conserve la calma. Eso es lo que me diría mi padre... si aún no hubiese perdido la cabeza.

La muchedumbre se ha congregado en la calle alrededor del coche patrulla, curiosa por lo que está sucediendo, aunque en realidad no veo a la gente. Abby siempre dice que el oído es lo último que se pierde y lo primero que se recupera en una situación como ésta. Supongo que sabe lo que se dice porque no veo a la anciana señora Lau entre el gentío, aunque no me cuesta nada reconocer su voz.

—Es una verdadera vergüenza que ese muchacho tenga que arrestar a su propia hermana —comenta con tristeza mientras Billy abre la puerta y se sienta detrás del volante.

Billy pone en marcha el motor y lanza ráfagas de luz cuando despegamos como un misil teledirigido camino del hospital. No me he desmayado en toda mi vida, ni siquiera cuando Ben Walker cayó rodando tres tramos de escalera, aunque me parece que ahora lo voy a hacer. Lo sé porque un inquietante silencio lo invade todo y el agudo gemido de la sirena del techo suena como si estuviera a años luz de aquí, mientras Billy y yo atravesamos la noche como un cohete.

13

Cuando llegamos al hospital, mi padre sigue en el quirófano y nadie parece saber dónde está mi madre. Una enfermera nos dice que la han atendido y dado de alta; en cambio, la gobernanta dice que la ha visto en la sala de espera de la cuarta planta, justo delante de la salida de los quirófanos. Según dice Abby, ese departamento cuenta con la radio macuto mejor informada del hospital, de modo que pido a Billy que eche un vistazo en urgencias mientras yo subo a la cuarta planta.

Las puertas plateadas del ascensor se abren y veo a mi madre de inmediato. Está sentada sola en una silla de eskay en el rincón de una espaciosa e intimidadora zona de espera. Va vestida con un suéter rojo con una corona de Navidad en relieve, unos pantalones negros de sport y zapatos planos también negros. Si no fuese porque la conozco, supondría que es una voluntaria o una administrativa del hospital que acaba de decidir tomarse un bien merecido respiro. La pobre mujer muestra demasiado aplomo y dignidad como para que la confunda con una persona cuya casa acaba de explotar mientras estaba sentada en el retrete.

—¡Mamá! —la llamo desde el pasillo mientras me aproximo—. Mamá, ¿estás bien? —pregunto, abrazándola y notando el vendaje compresivo que acaban de ponerle en el antebrazo—. ¿Qué es esto, mamá? —me inquieto—. ¿Te has herido en la explosión?

—No es nada, cariño —contesta con calma—. Sólo un pequeño corte que me hizo el taladro de tu padre con la onda expansiva.

—¿El taladro? ¿En el cuarto de baño? —Mi madre me lanza una de esas miradas de «por favor no me pidas que lo explique» y la complazco—. ¿Te han puesto puntos?

—Unos pocos.

—Mamá, ¿qué ha sucedido? ¿Por qué ha explotado la casa?

—En realidad, creo que ha sido principalmente el garaje —dice con el aturdido tono monocorde de alguien que acaba de esquivar un rayo. Endereza la espalda y cruza las piernas por los tobillos con sus consabidos modales propios de una dama—. Ha sido tu padre otra vez —dice, como si eso lo explicara todo.

—¿Qué ha hecho, mamá? Cuéntame.

—Me dijo que había visto chinches en el garaje y que quería usar una de esas bombas insecticidas para matarlas.

—Mamá, estamos en diciembre. Nadie tiene chinches en diciembre.

—Cuéntaselo a tu padre —dice con su característica falta de emoción—. Pensaba que con un bote no habría suficiente —prosigue sin la más leve afectación—. Le dije que como máximo dos. —Se muerde el labio inferior y juguetea con los imperdibles del vendaje compresivo—. ¿Sabes cuántas bombas encendió? —pregunta con un tono asombrosamente controlado.

—¿Cuántas? —pregunto, aunque lo último que deseo es saberlo.

—Catorce.

—¡Oh, Dios mío!

De pronto, le tiembla la voz.

—El médico dice que probablemente no se salvará. Por eso estoy sentada aquí. Es que no sé qué otra cosa puedo hacer.

—No pasa nada, mamá —la consuelo—. Está bien. Ahora no podemos hacer otra cosa que esperar.

Permanecemos sentadas guardando un incómodo silencio durante un buen rato y el zumbido del ascensor subiendo y bajando por su hueco es el único sonido audible entre nosotras. Procuro pensar en algo que decir, pero no se me ocurre nada y me pregunto cómo es posible que dos seres humanos, uno de los cuales ha pasado nueve meses en el útero del otro, puedan tener tan poco que decirse en un momento como éste.

De vez en cuando mi madre se aparta disimuladamente un pelo imaginario de la cara, y ambas fingimos no darnos cuenta de que en realidad se está enjugando una lágrima. En cuarenta años nunca he visto llorar a mi madre. Ni una sola vez. Y no puede decirse que arda en deseos de ver cómo lo hace ahora.

No mucho después, un enjambre de batas verdes pasa por delante de nosotras empujando la camilla donde yace mi padre anestesiado camino de la unidad de cuidados intensivos. Una de las batas verdes se separa del resto y se presenta como el doctor Takahari.

—El señor Devlin aún no está fuera de peligro —nos informa lastimeramente—. Tiene una hinchazón en el cerebro y unas cuantas quemaduras bastante graves, además de los efectos de la inhalación de humo tóxico. Estará en situación crítica durante un tiempo. —El agotado cirujano hace una pausa—. Si tenemos suerte —agrega solemnemente.

Y entonces es cuando la superficie del barniz estoico de mi madre comienza a resquebrajarse. Suelta un prolongado y grave gemido y se desploma entre mis brazos.

—No puedo vivir sin él —lloriquea, y me encuentro sosteniéndola y dándole palmaditas en la espalda, y diciendo cosas como «vamos, vamos, ya está».

—Hemos estado juntos casi cincuenta años —solloza—. ¡No conozco otra clase de vida!

De pronto soy dolorosamente consciente de que el antaño invencible sargento de instrucción acaba de convertirse en un tembloroso recluta novato muerto de miedo.

—Se pondrá bien, mamá —prometo—. Papá ha pasado por situaciones terribles antes. Seguro que también sale de ésta.

Naturalmente, miento más que hablo, tal como ella solía mentirme cuando yo era joven y papá estaba en misiones peligrosas. Es por su bien, me digo.

—No me mientas, Jeri.

Caray. A veces pienso que tener padres de edad avanzada es más complicado que tener niños pequeños. Al menos los niños no están acostumbrados a llevar siempre la razón.

Los días siguientes son un recuerdo borroso de café recalentado, comida de cafetería y cabezadas en asientos incómodos. De hecho, acabo de despertar de una siesta de media mañana cuando la silueta de Cabeza de Embudo cobra forma delante de mí.

—Supuse que te encontraría aquí —dice—. ¿Cómo está tu padre?

—Resistiendo —contesto cansada.

—¿Y tu madre?

—Está bien. Se ha instalado con mi hermano y Patty hasta que resuelva qué hacer con la casa.

Puede que ésta sea la conversación más coherente que haya mantenido con Cabeza de Embudo a lo largo de los diez años que hace que nos conocemos.

—¿Y qué tal lo lleva Jeri? —pregunta.

—Oh, de fábula —contesto con voz temblorosa—. Sólo estoy acabada.

—¿Acabada? —repite divertido—. Escucha, tu amigo Skip Simon, el manager de las Alpha Chix, se muere de ganas de localizarte. Quiere comprar de verdad los derechos de esa canción que escribiste.

—Oh, vamos. Esas cosas no pasan en el mundo real.

—¿Ah no? —dice Cabeza de Embudo, sonriendo tímidamente—. Ruego me permitas disentir. He conseguido que aumente la oferta a cien mil dólares de anticipo. Yo de ti la aceptaría, amiga mía.

—¡Vete a paseo! ¡¿Has dicho cien mil?!

—Va en serio. Lo único es que tendrías que firmar un contrato con él enseguida. Las Alpha Chix ya están en el estudio grabando un álbum y Skip ha estado buscando una canción más para acabar de redondearlo, un tema lento pero con genio. Piensa que *Debí haberte dado la espalda* es perfecto.

La cabeza me da vueltas.

—¿Todo esto es real, Cabeza de Embudo?

—Pues claro que es real. Será que pisaste una mierda. ¡Escribiste el éxito superventas que tanto soñabas! Disfrútalo.

—Pero si fue casualidad. No sabía lo que estaba haciendo.

—Tómalo con calma. En este negocio nadie sabe lo que está haciendo —dice—, pero se gana dinero a espuertas. Siete centavos cada vuelta, nena. Eso lo que te llevas además del anticipo cada vez que un locutor la ponga en la radio. No está nada mal.

—¿Por qué sabes tanto sobre estas cosas?

Ante mis propios ojos, Angelo Bacolla parece surgir como un álter ego de Cabeza de Embudo.

—No siempre he sido un vago —dice con tristeza—. Estuve en lo más alto de esta industria en Nueva York hace mucho tiempo. Me ganaba bastante bien la vida, además. Y no sólo yo. Algunos de mis clientes siguen en las listas de éxitos. Quién sabe dónde estaría hoy si no hubiese permitido que Jack Daniels me diera la serenata.

Es como si lo viera por primera vez. Reparo en los ojos claros, la camisa planchada, el pelo bien cortado.

—No es demasiado tarde para averiguarlo —le digo.

Al día siguiente, en medio de la sala de espera de la UCI, recibo un cheque de cien mil dólares entregado en mano por mi nuevo agente-manager, Angelo Bacolla. Normalmente me habría puesto eufórica, pero habida cuenta de las circunstancias en las que me hallo, no resulta fácil demostrar mucho entusiasmo.

En lugar de la comisión que tanto merece, Angelo me pide la oportunidad de seguir representándome en futuras negociaciones. Animado por este éxito reciente (y un apenas publicitado reingreso en Alcohólicos Anónimos), está listo para saltar de nuevo al ring, afirma. Nada más alejado de mi intención que apartar a un hombre de sus sueños, me digo.

Entretanto, mi padre sigue resistiendo y de hecho comienza a presentar leves signos de mejoría. Mañana por la mañana saldrá de la unidad de cuidados intensivos. Ahora mi madre está reunida con el doctor Takahari y un asistente social.

Cuando mi madre sale de la reunión tiene los ojos enrojecidos y llorosos. Camina como un robot hasta los asientos de eskay de la sala de espera y se deja caer pesadamente en uno de ellos como si su cuerpo estuviera hecho de plomo.

—¿Qué sucede, mamá? ¿Es por papá?

Me mira sin verme, con los ojos castaños anegados en lágrimas.

—Tiene que ir a una residencia de ancianos —anuncia con una voz temblorosa impropia de ella.

—¿Qué? ¿Cuánto tiempo?

—Probablemente para siempre. —Y entonces se deshace en grandes sollozos que la atragantan—. Cincuenta años —lloriquea hundiendo la cara en el pañuelo limpio que le alcanzo—. Casi cincuenta años con un hombre y ahora esto. Se merece algo mejor.

—No es culpa tuya, mamá. Ahora representa un peligro para...

—Sí, sí que lo es. Es culpa mía. Tendría que haber sido más amable con él. Tenías razón la otra noche con lo de sacudir la manecilla del retrete. Tendría que haber pensado en su dignidad. No era preciso que le diera la lata y lo mangoneara como hacía. Ahora me siento tremendamente culpable, pero a veces ya no lo podía soportar más.

—Mamá, todos tenemos un límite —digo en voz baja, y lo más sorprendente es que lo digo en serio. Por extraño que parezca, nunca me había sentido tan próxima a ella como ahora.

—En mis tiempos, Jeri, una muchacha vivía con sus padres hasta que se casaba —dice mi madre, enjugándose las lágrimas—. No sabíamos nada más. He convivido más tiempo con tu padre que con los míos. ¿Cómo me las voy a arreglar para vivir sin él?

—No tendrás que hacerlo, mamá —murmuro—. Además, yo siempre estaré a tu lado para ayudarte. En serio.

Me quedo sentada muy tiesa como una niña asustada, cosa que, por supuesto, es lo que soy. Por primera vez en mi vida, veo que a mi madre le trae sin cuidado la gente que la está mirando y presencia su descarnado arrebato emocional. En esta ocasión da rienda suelta a sus sentimientos de frustración e impotencia sin más cortapisas.

—Te debo una disculpa, Jeri —dice con voz trémula.

—¿Por qué?

—Por haberte insistido tanto en que te casaras. No quería que de mayor estuvieras sola, y ahora mírame a mí. Después de casi cincuenta años juntos, así es como vamos a estar tu padre y yo. Está claro que el matrimonio no es una póliza de seguros contra la soledad.

Apoyo suavemente una mano sobre su muñeca vendada.

—No estás sola, mamá —digo de modo tranquilizador—. Billy y yo no dejaremos que eso os suceda a ninguno de los dos.

—No puedo creer que esté diciendo esto —prosigue—, pero las chicas de hoy quizás estéis en lo cierto después de todo. Al menos no os vendréis abajo cuando algo como esto os ocurra. No perderéis la cabeza. Sabréis cómo afrontarlo.

Llora un poco más y de pronto reparo en el nuevo y sorprendente grado de intimidad que de un modo u otro se ha colado en nuestra relación.

—En realidad te admiro, Jeri —confiesa mi madre, dejándome estupefacta—. Puede que no siempre estuviera de acuerdo ni aprobara tus decisiones, pero respeto el hecho de que sepas estar sola y arreglártelas por ti misma.

—¿En serio?

Asiente con la cabeza.

—Sí. Y admiro que sepas ganarte la vida y que te cuadren las cuentas y sobre todo que no tengas miedo de decirle a un hombre que estás harta de sus tonterías y, en fin, un millón de cosas más en las que tendré que empezar a pensar por primera vez en mi vida. Ahora tengo un montón de preocupaciones.

Entonces es cuando recuerdo el cheque que me está quemando el bolsillo.

—Puedes tachar la de ganarte la vida —le digo en voz baja.

14

Estoy de pie en el tercer piso del hotel de Woody, mirando tranquilamente por la ventana de mi habitación alquilada, a la espera de la limusina que me llevará al avión que me llevará a otra limusina que me conducirá a las oficinas centrales de un famoso sello discográfico en Los Ángeles. Allí, según me han dicho, me invitarán a comer con un buen vino y me alentarán a firmar un contrato en exclusiva para escribir unas cuantas canciones más para la empresa en cuestión. Entretanto, mato el rato fijándome en los indicios más evidentes que desde hace poco anuncian la llegada del verano.

En Nueva Jersey quizá no tengamos una ridícula marmota que nos diga cuándo es primavera, pero tenemos nuestros propios rituales para recordar que el verano ha regresado una vez más a la costa harta de invierno. Para empezar, las taquillas recién pintadas surgen de la nada en el paseo marítimo entarimado donde pronto habrá colas de gente para comprar pases de playa a noventa dólares el de temporada y diez el de un día. Los parquímetros vuelven a estar montados a lo largo de Ocean Avenue y este año se adentran dos manzanas en los tramos más solicitados de playa para facilitar el estacionamiento de vehículos. Se han retirado casi todas las tablas que protegían las puertas y ventanas de las casas de alquiler y sus patios delanteros ya exhiben sillas de playa, hordas de estudiantes y barriles de cerveza. Los gorros de lana, los cielos grises y las palas para la nieve del invierno han vuelto a ceder el paso a los bikinis, el clima cálido y los aspersores de riego del verano.

Las señales de dirección prohibida también han resurgido, aunque llevará algún tiempo acostumbrarse a ellas. Tanto los lugareños como los turistas tardan en reorientarse en un pueblo donde la única manera de llegar a tu destino consiste en efectuar una larga serie de giros a derecha e izquierda.

Los comerciantes del paseo venden a precios exorbitantes camisetas, sombreros y crema solar, la Garden State Parkway está otra vez abarrotada de descapotables y motos, y los socorristas de Belmar están en plena forma y fantasean con rescatar a señoritas con bikini en apuros. Corren gotas de sudor y ríos de cerveza, y las astillas del entarimado se clavan en la piel tierna y blanca como la leche de las plantas de los pies.

La hora de cierre vuelve a ser a la una de la madrugada y ahora los bares de la playa seguirán abiertos hasta las dos. En un esfuerzo por ahorrar dinero, el propio Woody se ha encargado de las reparaciones en la fachada de su hotel desde que Cabeza... o sea, Angelo, abrió una pequeña agencia en Red Bank. Los grupos en vivo ya tocan todas las noches y así seguirán haciéndolo hasta el Día del Trabajo. A partir de ahora, en el hotel nadie intentará siquiera acostarse antes de las dos de la madrugada. Casi todos los días, Woody se encarama a su percha del final de la barra, contando mentalmente el dinero que gana y haciendo su imitación de una cámara de vigilancia. En muchos sentidos, nada ha cambiado.

En otros, todo ha cambiado.

Por ejemplo, ya no tengo miedo de ver el comprobante del saldo de mi cuenta corriente en los cajeros automáticos. A veces retiro dinero sólo para contemplar la cifra que aparece en la casilla de «disponible» y refocilarme. Cuando recibí el primer anticipo de cien mil dólares por los derechos de *Debí haberte dado la espalda*, no tenía ni idea de qué hacer con semejante cantidad de dinero. ¿Ingresarla en la cuenta corriente? ¿Ponerla en manos de alguien para que la invirtiera en mi nombre? ¿Enterrarla en el patio de atrás envuelta en un calcetín? ¿Qué?

Angelo Bacolla, Dios lo bendiga, pronostica que tarde o temprano voy a ser una mujer rica. La primera vez que mencionó derechos de autor que había que anotar con siete cifras, confieso que realmente tuve que escribir un ejemplo con seis ceros antes de darme cuenta de que estaba hablando de millones. Nunca antes había tenido que contar sumas tan altas.

Desde que en abril *Debí haberte dado la espalda* se convirtió en el primer disco de platino de las Alpha Chix ha habido un flujo constante de efectivo y abundancia en mi vida, por no mencionar las ofertas de trabajo. De hecho, las cosas han ido tan deprisa que hace poco pude trasladar a mi padre a la mejor residencia de ancianos del condado de Monmouth. Ahora tiene su propia habitación con televisor de pantalla panorámica y su propia nevera. Sigue mejorando poco a poco aunque está empezando a hacerse obvio que probablemente nunca salga de la residencia, lo cual supongo que no está tan mal dado que cree que una de las enfermeras es su madre.

Incluso me ofrecí a pagar las reparaciones necesarias

de la casa y un garaje nuevo después de que mi padre hiciera explotar el viejo, pero mi madre dijo que la casa era demasiado grande para ella ahora que no iba a compartirla con él.

El mes pasado le compré un pequeño apartamento en la playa de Avon, apenas a unas manzanas de la casa vieja. Pedí a Jake que se encargara de todo, puesto que todavía no sabía lo que estaba haciendo. Por alguna loca razón, ya no me atrae como antes y, por extraño que parezca, me fío de él, salvo en lo que respecta a mi corazón, por descontado. La verdad es que hizo un buen trabajo. Buscó para mi madre un lugar donde hubiera otras mujeres de su edad y, ni corta ni perezosa, ya tiene a todas las vecinas enganchadas a *Mug Shots* y *Forensic Files*. Cuando programan reposiciones, rebuscan en las secciones de sucesos de los periódicos, juntando las pistas de crímenes reales para luego poner al corriente de sus teorías al sargento de la comisaría de Avon. Una se pregunta cómo es posible que las fuerzas de la ley se las hayan podido arreglar sin ellas.

En cuanto a mí, aún no estoy lista para comprarme una vivienda. Quiero ver qué pasa en Los Ángeles antes de tomar decisiones importantes. ¿Quién sabe? Quizá me convierta en una de esas personas que tienen una casa en cada costa. No me importaría vivir en California durante los meses de invierno, aunque tengo clarísimo que tendría que volver a mi playa a pasar el verano. Además, en realidad no necesito nada más que lo que tengo aquí, en mi pequeña habitación del Woody's. Aunque en una cosa sí he derrochado. He vuelto a ponerme uñas acrílicas y además he comenzado a hacerme la pedicura. ¡Esto sí que es vida!

Alguien llama a mi puerta.

—¡Eh, Jeri! —grita una voz masculina—. ¿Quieres que te baje la maleta?

Abro la puerta y Angelo Bacolla está ahí de pie con un flamante maletín de piel con monograma en una mano y un portatrajes colgado del hombro. Lleva tejanos recién planchados y un polo blanco inmaculado. Su rostro ha perdido el tono rubicundo propio de la hipertensión y el abotargamiento del alcohol. Luce el pelo entrecano con un corte de primera y unos músculos «de gimnasio» de reciente adquisición. Apenas lo reconozco últimamente.

—Tienes un aspecto estupendo, Cab... Angelo —me corrijo.

—¿Sí, tú crees? —pregunta sonriendo, y me pregunto por qué no había reparado en su preciosa sonrisa.

—Sí señor, eso creo —le aseguro—. Eres una persona completamente distinta.

Permanece inmóvil y, por un instante, pienso que quizá me dará un beso. Y para colmo de sorpresas, la idea más bien me hace gracia.

—Es que soy una persona nueva. —Sonríe otra vez mientras coge mi nueva maleta Louis Vuitton y se la echa al hombro—. Y espera a ver mi estrategia en la mesa de negociaciones. Puedo ser el defensor más apasionado de un joven... o una joven, claro está.

Apuesto a que sí, pienso. Hay una innegable chispa de ambición en sus ojos ahora que ya no está embotado por el consumo de alcohol.

—Gracias, Jeri —agrega en un tono grave y tímido.

—¿A mí? ¿Qué he hecho yo?

—Es por lo que no has hecho. Nunca intentaste cambiarme. Me tomaste exactamente tal como soy y, bueno, supongo que eso es lo que me ha hecho tener ganas de cambiar.

Sonrío orgullosa.

—Bien hecho, Angelo.

Me quedo mirando a mi nuevo manager mientras baja por la vieja escalera que cruje hacia la puerta principal y pienso que quizás a veces el mejor plan sea el que no has trazado.

Me asomo a la ventana justo a tiempo para ver una limusina negra que se balancea con elegancia al entrar en el aparcamiento de gravilla y se detiene majestuosamente junto al contenedor.

Woody y unos pocos asiduos del bar que están haciéndole unas chapuzas se acercan pesadamente para examinar el lujoso vehículo de cerca.

—¡Eh, Jeri! —brama Woody hacia mi ventana del tercer piso—. ¡Tu taxi está aquí!

Cojo apresuradamente un poco de comida para peces y la arrojo a las peceras que están una junto a otra encima de la mesa.

—Nada de peleas mientras yo esté fuera, chicos —advierto—. Volveré pasado mañana.

Oh, Dios, ¿dónde está Abby? Estaba previsto que viniera conmigo en la limusina hasta el aeropuerto. Si no llega en dos minutos, la llamaré al móvil, decido.

Recorro la habitación juntando el monedero, el billete de avión, las gafas de sol y las llaves y meto cada cosa en el compartimiento correspondiente de mi nueva bolsa de mano.

Mientras corro hacia la puerta, me echo un rápido vistazo en el espejo barato de K-Mart que sigue colgado en la parte trasera. De pronto, no quiero tener prisa nunca más.

El rostro de cuarenta años que veo devolviéndome la mirada me resulta curiosamente maduro y sereno. Las arrugas en ciernes de la mediana edad alrededor de la boca y los ojos parecen haberse suavizado últimamente, y la mandíbula firme transmite un aire de confianza y resolución.

Miro fijamente a los ojos a propio reflejo y, por primera vez en mi vida, veo a mi media naranja; la única persona de este mundo capaz de darme una vida plena y feliz. Es la persona que escribe canciones de éxito y llena de dinero mi cuenta corriente. Es la única que conoce todos mis puntos flacos y mis secretos... y que pese a todo me ama. Es quien me ha rescatado de una vida de desesperación, quien ha tenido las agallas de explorar un camino totalmente nuevo y emocionante.

Después de todo, no necesitaba un cónyuge para ser feliz. Figúrate.

—¡Jeri! ¿Estás ahí? —grita Abby mientras aporrea frenéticamente la puerta. Doy un paso atrás justo a tiempo de evitar que me dé un golpe cuando la abre y entra dando un traspié—. Siento llegar tarde —se disculpa—. ¡Había un tráfico horrible!

—¿Sabes qué? —suelto, sin hacer caso de lo que me dice.

—Springsteen quiere que escribas para él —aventura.

—No. Mejor.

—¿Mejor que Bruce? Dios bendito. ¿Qué?

—¡Acabo de darme cuenta de algo fantástico! ¡Acabo de darme cuenta de que por fin me he convertido en la persona con la que siempre me he querido casar!

Abby no dice nada al principio. Se queda ahí plantada digiriéndolo.

—Caramba, eso está muy bien —musita finalmente—. ¿Cómo se te ocurren estas cosas? Es un pensamiento muy profundo.

—Soy compositora profesional. —Sonrío con complicidad—. Mi trabajo consiste en tener grandes ideas.

Abby saca la lengua y acto seguido coge mi bolsa de mano y sale por la puerta hacia la escalera.

—Espera —le digo, cerrando la puerta a mis espaldas—. Quiero bajar por la escalera exterior.

—¿¡Qué!? ¿Por esa destartalada trampa mortal? ¿Te has vuelto loca? —protesta—. ¿Tengo que recordarte lo que sucedió la última vez que decidiste hacer eso?

—Todos sobrevivimos —replico de manera inexpresiva.

—¿Cuánto vas a pagarme para que no le diga nada de esto a Ben?

—¿Cuánto vas a pagarme por mi autógrafo? —bromeo.

No sé ni cómo, pero el caso es que convenzo a Abby para que baje conmigo por esa empinada reliquia de escalera mientras Woody y sus adláteres nos observan desde abajo boquiabiertos y con los ojos fuera de las órbitas. Digo yo que ha llegado la hora de volver a correr riesgos.

La limusina nos deja en el aeropuerto de Newark menos de una hora antes de la hora prevista de salida.

Angelo y yo pasamos sin problemas por el primer control de seguridad pero luego algo en mi persona, no tengo idea de qué, dispara una alarma en el detector de metales. De pronto soy el blanco de todas las miradas y dos guardias uniformados me apartan a un lado mientras Angelo Bacolla salva ese obstáculo sin más tropiezos.

—¿Qué puedo decir? —bromea—. Dios protege a los niños y a los ex alcohólicos.

Me piden que separe los brazos y las piernas mientras una mujer bajita con una chaqueta granate recorre mi cuerpo con una varita mágica electrónica. Me ordenan que me siente y me quite los zapatos para comprobar si ocultan explosivos. Esto es una metáfora de mi vida, pienso. Justo cuando empiezo a saber qué terreno piso y parezco tener mi vida bajo control, se disparan las sirenas, silbatos y alarmas. Es una lástima que no ocurra lo mismo cuando te enamoras del hombre equivocado, pienso con tristeza.

Satisfecho de que no lleve dinamita escondida en mis sandalias de plataforma, un guardia me devuelve la bolsa de mano y el otro me alcanza los zapatos. Según parece, puedo seguir mi camino.

Tomo asiento descalza y un poco acomplejada en medio del aeropuerto de Newark para ponerme otra vez mis nuevas sandalias de última moda.

Entonces es cuando noto que alguien me está mirando. Suponiendo que se trata de un pasajero de clase Business fetichista de los pies, evito levantar la vista tanto rato como puedo. Cuando ya me he abrochado las correas por enésima vez, miro en la dirección de donde me llega esa inquietante sensación y contengo la respiración.

A menos de seis metros de mí, justo en medio del vestíbulo C, hay un hombre que lleva una camisa verde salvia; un hombre que no pierde detalle de cada uno de mis movimientos.

Entre el intenso ajetreo de pasajeros de esta mañana de lunes, Jake Fletcher destaca como una cerveza helada en una playa abrasada por el sol.

El corazón se me para en seco, mis brazos quieren extenderse hacia él y mis pies quieren salir corriendo en dirección opuesta, todo a la vez. Jake no osa moverse y yo tampoco, y me pregunto si las cámaras de vigilancia del aeropuerto estarán grabando nuestro desafío.

No estoy segura de quién de los dos da el primer paso. Lo único que sé es que de un modo u otro acabo con la cara tan cerca de la suya que capto el delicioso y conocido aroma que emana de él. La bulliciosa multitud no tiene más remedio que pasar sorteándonos y soy vagamente consciente de la impaciente e irritable actitud típica de la costa este que suscitamos.

—¿Qué estás haciendo aquí? —pregunto forzando las palabras a través de mi garganta constreñida.

Jake sonríe.

—Quería desearte buena suerte.

Miro fijamente los ojos verde salvia, y de no ser porque lo pienso mejor hubiese jurado que algo ha vuelto a activar el detector de metales.

En lugar de la música romántica que antes sonaba en mi cabeza, esta vez oigo alarmas y silbatos atronadores en mi cerebro, y todas las advertencias que tantas personas me han hecho a lo largo de los años suenan alto y claro en mis oídos.

—Jake, no hagamos esto...

—¿El qué?

—Lo sabes de sobra. Esto. La misma tontería de siempre.

—¿A qué te refieres?

—Mira, Jake, ya no tiene sentido. No tenemos futuro. De hecho, me parece que estoy empezando a comprender por qué tu libertad siempre ha sido tan importante para ti.

—¿De verdad?

—Sí. No tenía ni idea de lo que me estaba perdiendo.

Este asunto de la libertad, bueno, no está mal del todo. Una chica puede acostumbrarse a ella...

—Te quiero, Jeri —interrumpe, y entonces sus labios de delfín contento se posan en los míos justo en medio del aeropuerto de Newark.

Vaya, fantástico. Allá vamos otra vez. Venga, átame a la primera vagoneta de la montaña rusa y dale al interruptor, pienso.

Me sorprendo a mí misma golpeándome las caderas exactamente igual que mi madre.

—¿Por qué, Jake? ¿Por qué haces siempre esto? —inquiero.

Titubea y mueve los pies con torpeza.

Levanta la vista hacia las pantallas que anuncian los vuelos, luego mira a la multitud y finalmente vuelve a mirarme a los ojos.

—No lo sé —dice con un hilo de voz.

Y entonces la realidad me impacta como una tonelada de ladrillos que cayera justo ahí, en medio del vestíbulo C a las diez en punto de una mañana de lunes: ahora me he convertido en la mujer perfecta. Si no en opinión de Jake, desde luego sí en la mía. Figúrate.

El gentío del aeropuerto sigue bifurcándose al llegar a nosotros y Jake de pronto presenta un tremendo parecido con un cachorro solitario en el escaparate de una tienda de animales. Traga saliva y pestañea unas cuantas veces.

—¿Hay alguna posibilidad de que lo intentemos de nuevo? —pregunta dócilmente.

Veo que Angelo Bacolla agita frenéticamente los brazos en alto junto a la puerta 36 para que me apresure y, de repente, lo veo todo con claridad. Supongo que mi madre no iba errada al fin y al cabo. A veces una mujer tiene que probar a un montón de hombres antes de dar con su príncipe azul.

Una enorme sonrisa comienza a formarse en algún lugar cercano a los dedos de mis pies y se va abriendo camino a través de todos mis órganos vitales hasta alcanzar finalmente mis ojos y mis labios para estallar cruzándome la cara.

Entonces doy media vuelta y corro a coger mi avión.

Si desea hacernos llegar su opinión sobre este libro o sus sugerencias sobre la colección envíenos su mensaje por correo electrónico a:

edicionsugerencias@edicionesb.es

o escríbanos a:

Ediciones B, S.A.
Departamento Editorial
Ref.: Colección Millenium
Bailén 84
08009 Barcelona
España

OTROS TÍTULOS DE LA COLECCIÓN

EL GUARDIÁN
DE LA LUZ

Sergio Bambarén

Cuando Martín conoce a Paola en un viaje de negocios a Chile, queda deslumbrado por su sencillez y su encanto. Pero él sabe que debe partir de inmediato, y todo indica que no habrá muchas posibilidades de un reencuentro cercano.

Sin embargo, las llamadas y los mensajes se van multiplicando y pronto comienzan a imaginar un futuro compartido.

El amor, reciente pero lleno de fuerza, los impulsa a aceptar el desafío de transformar un antiguo faro abandonado, enclavado en un agreste paraje junto al Pacífico, en la casa de sus sueños. Allí les espera un mágico encuentro que cambiará sus vidas para siempre.

El autor de *El delfín, best seller* traducido a veintidós idiomas, nos ofrece una historia de amor que nos anima a confiar en el poder del amor, capaz de derribar fronteras, prejuicios... e imposibles.

HIJAS DE LA ALEGRÍA

Deepak Chopra

Jess Conover lleva una temporada sintiéndose inusualmente nervioso. El joven escritor vive en Boston y lleva una vida bastante normal, con su cuota habitual de felicidad y dolor, por lo que no alcanza a comprender la razón de su inquietud. Un domingo por la mañana le llega un extraño mensaje bajo la forma de un anuncio clasificado en un periódico: «El amor te ha encontrado. No se lo digas a nadie, simplemente ven.»

Aunque siempre ha tratado de reprimir sus sentimientos y emociones, intuye de inmediato que el mensaje está dirigido a él. Poco después se encuentra viajando hacia el norte, bajo una tempestad de nieve, rumbo a una peculiar escuela que se oculta del mundo moderno y que está dirigida por unas mujeres que se llaman a sí mismas «hijas de la alegría».

Su iniciación en los misterios más profundos de la vida y el amor comienza cuando pone los ojos en una hermosa mujer llamada Elena, con quien emprenderá un extraordinario viaje espiritual hacia un mundo situado más allá de los sentidos.

Deepak Chopra ofrece una nueva historia de amor y redención, mágica y mística, que seguramente llegará al corazón y al espíritu de los lectores.